LETTRES PERSANES

PAR

MONTESQUIEU

AVEC

PRÉFACE, NOTES ET VARIANTES,

INDEX

PHILOSOPHIQUE, HISTORIQUE, LITTÉRAIRE,

PAR

ANDRÉ LEFÈVRE

—

TOME II

PARIS

ALPHONSE LEMERRE, ÉDITEUR

27, PASSAGE CHOISEUL, 29

—

M DCCC LXXIII

LETTRES PERSANES

Tous droits réservés.

E. PICARD.

IMP. EUGÈNE HEUTTE ET Cⁱᵉ, A SAINT-GERMAIN.

LETTRES PERSANES

LETTRE LXXXIX.

USBEK A RHÉDI.

A Venise.

A Paris règne la liberté et l'égalité. La naissance, la vertu, le mérite même de la guerre, quelque brillant qu'il soit, ne sauve pas un homme de la foule dans laquelle il est confondu. La jalousie des rangs y est inconnue. On dit que le premier de Paris est celui qui a les meilleurs chevaux à son carrosse.

Un grand seigneur est un homme qui voit le roi, qui parle aux ministres, qui a des ancêtres, des dettes et des pensions. S'il peut avec cela cacher son oisiveté par un air empressé, ou par un feint attachement pour les plaisirs, il croit être le plus heureux de tous les hommes.

En Perse, il n'y a de grands que ceux à qui le monarque donne quelque part au gouvernement. Ici, il y a des gens qui sont grands par leur naissance; mais ils sont sans crédit. Les rois font comme ces ouvriers habiles qui, pour exécuter

On peut poser pour maxime que, dans chaque État, le désir de la gloire croît avec la liberté des sujets, et diminue avec elle : la gloire n'est jamais compagne de la servitude.

Un homme de bon sens me disoit l'autre jour : On est en France, à bien des égards, plus libre qu'en Perse; aussi y aime-t-on plus la gloire. Cette heureuse fantaisie fait faire à un François, avec plaisir et avec goût, ce que votre sultan n'obtient de ses sujets qu'en leur mettant sans cesse devant les yeux les supplices et les récompenses.

Aussi, parmi nous, le prince est-il jaloux de l'honneur du dernier de ses sujets. Il y a pour le maintenir des tribunaux respectables : c'est le trésor sacré de la nation, et le seul dont le souverain n'est pas le maître, parce qu'il ne peut l'être sans choquer ses intérêts. Ainsi, si un sujet se trouve blessé dans son honneur par son prince, soit par quelque préférence, soit par la moindre marque de mépris, il quitte sur-le-champ sa cour, son emploi, son service, et se retire chez lui.

La différence qu'il y a des troupes françoises aux vôtres, c'est que les unes, composées d'esclaves naturellement lâches, ne surmontent la crainte de la mort que par celle du châtiment; ce qui produit dans l'âme un nouveau genre de terreur qui la rend comme stupide : au lieu que les autres se présentent aux coups avec délice, et bannissent la crainte par une satisfaction qui lui est supérieure.

Mais le sanctuaire de l'honneur, de la réputation et de la vertu, semble être établi dans les républiques, et dans les pays où l'on peut prononcer le mot de patrie. A Rome, à Athènes, à Lacédémone, l'honneur payoit seul les services les plus signalés. Une couronne de chêne ou de laurier, une statue,

leurs ouvrages, se servent toujours des machines les plus simples.

La faveur est la grande divinité des François. Le ministre est le grand prêtre, qui lui offre bien des victimes. Ceux qui l'entourent ne sont point habillés de blanc : tantôt sacrificateurs, et tantôt sacrifiés, ils se dévouent eux-mêmes à leur idole avec tout le peuple.

<p style="text-align:center">A Paris, le 9 de la lune de Gemmadi 2, 1715.</p>

LETTRE XC.

USBEK A IBBEN.

A Smyrne.

Le désir de la gloire n'est point différent de cet instinct que toutes les créatures ont pour leur conservation. Il semble que nous augmentons notre être, lorsque nous pouvons le porter dans la mémoire des autres : c'est une nouvelle vie que nous acquérons, et qui nous devient aussi précieuse que celle que nous avons reçue du ciel.

Mais comme tous les hommes ne sont pas également attachés à la vie, ils ne sont pas aussi également sensibles à la gloire. Cette noble passion est bien toujours gravée dans leur cœur ; mais l'imagination et l'éducation la modifient de mille manières.

Cette différence, qui se trouve d'homme à homme, se fait encore plus sentir de peuple à peuple.

un éloge, étoit une récompense immense pour une bataille gagnée ou une ville prise.

Là, un homme qui avoit fait une belle action se trouvoit suffisamment récompensé par cette action même. Il ne pouvoit voir un de ses compatriotes qu'il ne ressentit le plaisir d'être son bienfaiteur; il comptoit le nombre de ses services par celui de ses concitoyens. Tout homme est capable de faire du bien à un homme : mais c'est ressembler aux dieux que de contribuer au bonheur d'une société entière.

Mais cette noble émulation ne doit-elle point être entièrement éteinte dans le cœur de vos Persans, chez qui les emplois et les dignités ne sont que des attributs de la fantaisie du souverain? La réputation et la vertu y sont regardées comme imaginaires, si elles ne sont accompagnées de la faveur du prince, avec laquelle elles naissent et meurent de même. Un homme qui a pour lui l'estime publique n'est jamais sûr de ne pas être déshonoré demain : le voilà aujourd'hui général d'armée; peut-être que le prince le va faire son cuisinier, et qu'il n'aura plus à espérer d'autre éloge que celui d'avoir fait un bon ragoût.

A Paris, le 15 de la lune de Gemmadi 2, 1715.

LETTRE XCI.

USBEK AU MÊME.

A Smyrne.

De cette passion générale que la nation françoise a pour la gloire, il s'est formé dans l'esprit

des particuliers un certain je ne sais quoi qu'on appelle point d'honneur : c'est proprement le caractère de chaque profession ; mais il est plus marqué chez les gens de guerre, et c'est le point d'honneur par excellence. Il me seroit bien difficile de te faire sentir ce que c'est ; car nous n'en ayons point précisément d'idée.

Autrefois les François, surtout les nobles, ne suivoient guère d'autres lois que celles de ce point d'honneur : elles régloient toute la conduite de leur vie ; et elles étoient si sévères qu'on ne pouvoit, sans une peine plus cruelle que la mort, je ne dis pas les enfreindre, mais en éluder la plus petite disposition.

Quand il s'agissoit de régler les différends, elles ne prescrivoient guère qu'une manière de décision, qui étoit le duel, qui tranchoit toutes les difficultés ; mais ce qu'il y avoit de mal, c'est que souvent le jugement se rendoit entre d'autres parties que celles qui y étoient intéressées.

Pour peu qu'un homme fût connu d'un autre, il falloit qu'il entrât dans la dispute, et qu'il payât de sa personne, comme s'il avoit été lui-même en colère. Il se sentoit toujours honoré d'un tel choix et d'une préférence si flatteuse ; et tel qui n'auroit pas voulu donner quatre pistoles à un homme pour le sauver de la potence, lui et toute sa famille, ne faisoit aucune difficulté d'aller risquer pour lui mille fois sa vie.

Cette manière de décider étoit assez mal imaginée, car de ce qu'un homme étoit plus adroit ou plus fort qu'un autre, il ne s'ensuivoit pas qu'il eût de meilleures raisons.

Aussi les rois l'ont-ils défendue sous des peines très-sévères ; mais c'est en vain : l'honneur, qui

veut toujours régner, se révolte, et il ne reconnoît point de lois.

Ainsi les François sont dans un état bien violent : car les mêmes lois de l'honneur obligent un honnête homme de se venger quand il a été offensé ; mais, d'un autre côté, la justice le punit des plus cruelles peines lorsqu'il se venge. Si l'on suit les lois de l'honneur, on périt sur un échafaud ; si l'on suit celles de la justice, on est banni pour jamais de la société des hommes : il n'y a donc que cette cruelle alternative, ou de mourir, ou d'être indigne de vivre.

A Paris, le 18 de la lune de Gemmadi 2, 1715.

LETTRE XCII.

USBEK A RUSTAN.

A Ispahan.

Il paroît ici un personnage travesti en ambassadeur de Perse, qui se joue insolemment des deux plus grands rois du monde. Il apporte au monarque des François des présents que le nôtre ne sauroit donner à un roi d'Irimette ou de Géorgie ; et, par sa lâche avarice, il a flétri la majesté des deux empires.

Il s'est rendu ridicule devant un peuple qui prétend être le plus poli de l'Europe, et il a fait dire en Occident que le roi des rois ne domine que sur des barbares.

Il a reçu des honneurs qu'il sembloit avoir voulu se faire refuser lui-même : et, comme si la cour de

France avoit eu plus à cœur la grandeur persane que lui, elle l'a fait paroître avec dignité devant un peuple dont il est le mépris.

Ne dis point ceci à Ispahan : épargne la tête d'un malheureux. Je ne veux pas que nos ministres le punissent de leur propre imprudence, et de l'indigne choix qu'ils ont fait.

<div style="text-align:center">De Paris, le dernier de la lune de Gemmadi 2, 1715.</div>

LETTRE XCIII.

USBEK A RHÉDI.

A Venise.

Le monarque qui a si longtemps régné n'est plus*. Il a bien fait parler des gens pendant sa vie; tout le monde s'est tû à sa mort. Ferme et courageux dans ce dernier moment, il a paru ne céder qu'au destin. Ainsi mourut le grand Cha-Abas, après avoir rempli toute la terre de son nom.

Ne crois pas que ce grand événement n'ait fait faire ici que des réflexions morales. Chacun a pensé à ses affaires, et à prendre ses avantages dans ce changement. Le roi, arrière-petit-fils du monarque défunt, n'ayant que cinq ans, un prince son oncle a été déclaré régent du royaume.

Le feu roi avoit fait un testament qui bornoit l'autorité du régent. Ce prince habile a été au parlement ; et, y exposant tous les droits de sa naissance, il a fait casser la disposition du monarque,

* Il mourut le 1er septembre 1715.

qui, voulant se survivre à lui-même, sembloit avoir prétendu régner encore après sa mort.

Les parlements ressemblent à ces ruines que l'on foule aux pieds, mais qui rappellent toujours l'idée de quelque temple fameux par l'ancienne religion des peuples. Ils ne se mêlent guère plus que de rendre la justice ; et leur autorité est toujours languissante, à moins que quelque conjoncture imprévue ne vienne lui rendre la force et la vie. Ces grands corps ont suivi le destin des choses humaines : ils ont cédé au temps, qui détruit tout ; à la corruption des mœurs, qui a tout affoibli ; à l'autorité suprême, qui a tout abattu.

Mais le régent, qui a voulu se rendre agréable au peuple, a paru d'abord respecter cette image de la liberté publique ; et, comme s'il avoit pensé à relever de terre le temple et l'idole, il a voulu qu'on les regardât comme l'appui de la monarchie et le fondement de toute autorité légitime.

A Paris, le 4 de la lune de Rhégeb, 1715.

LETTRE XCIV.

USBEK A SON FRÈRE,

SANTON AU MONASTÈRE DE CASBIN.

JE m'humilie devant toi, sacré santon, et je me prosterne : je regarde les vestiges de tes pieds comme la prunelle de mes yeux. Ta sainteté est si grande, qu'il semble que tu aies le cœur de notre

saint prophète; tes austérités étonnent le ciel même; les anges t'ont regardé du sommet de la gloire, et ont dit : Comment est-il encore sur la terre, puisque son esprit est avec nous, et vole autour du trône qui est soutenu par les nuées?

Et comment ne t'honorerois-je pas, moi qui ai appris de nos docteurs que les dervis, même infidèles, ont toujours un caractère de sainteté qui les rend respectables aux vrais croyants; et que Dieu s'est choisi dans tous les coins de la terre des âmes plus pures que les autres, qu'il a séparées du monde impie, afin que leurs mortifications et leurs prières ferventes suspendissent sa colère prête à tomber sur tant de peuples rebelles?

Les chrétiens disent des merveilles de leurs premiers santons, qui se réfugièrent à milliers dans les déserts affreux de la Thébaïde, et eurent pour chefs Paul, Antoine et Pacôme. Si ce qu'ils en disent est vrai, leurs vies sont aussi pleines de prodiges que celles de nos plus sacrés immaums. Ils passoient quelquefois dix ans entiers sans voir un seul homme : mais ils habitoient la nuit et le jour avec des démons; ils étoient sans cesse tourmentés par ces esprits malins; ils les trouvoient au lit, ils les trouvoient à table; jamais d'asile contre eux. Si tout ceci est vrai, santon vénérable, il faudroit avouer que personne n'auroit jamais vécu en plus mauvaise compagnie.

Les chrétiens sensés regardent toutes ces histoires comme une allégorie bien naturelle, qui nous peut servir à nous faire sentir le malheur de la condition humaine. En vain cherchons-nous dans le désert un état tranquille; les tentations nous suivent toujours : nos passions, figurées par

les démons, ne nous quittent point encore; ces monstres du cœur, ces illusions de l'esprit, ces vains fantômes de l'erreur et du mensonge, se montrent toujours à nous pour nous séduire, et nous attaquent jusque dans les jeûnes et les cilices, c'est-à-dire jusque dans notre force même.

Pour moi, santon vénérable, je sais que l'envoyé de Dieu a enchaîné Satan, et l'a précipité dans les abîmes : il a purifié la terre, autrefois pleine de son empire, et l'a rendue digne du séjour des anges et des prophètes.

A Paris, le 9 de la lune de Chahban, 1715.

LETTRE XCV.

USBEK A RHÉDI.

A Venise.

Je n'ai jamais ouï parler du droit public, qu'on n'ait commencé par rechercher soigneusement quelle est l'origine des sociétés ; ce qui me paroît ridicule. Si les hommes n'en formoient point, s'ils se quittoient et se fuyoient les uns les autres, il faudroit en demander la raison, et chercher pourquoi ils se tiennent séparés : mais ils naissent tous liés les uns aux autres ; un fils est né auprès de son père, et il s'y tient : voilà la société, et la cause de la société.

Le droit public est plus connu en Europe qu'en Asie : cependant on peut dire que les passions des princes, la patience des peuples, la flatterie des écrivains, en ont corrompu tous les principes.

Ce droit, tel qu'il est aujourd'hui, est une science qui apprend aux princes jusqu'à quel point ils peuvent violer la justice sans choquer leurs intérêts. Quel dessein, Rhédi, de vouloir, pour endurcir leur conscience, mettre l'iniquité en système, d'en donner des règles, d'en former des principes, et d'en tirer des conséquences!

La puissance illimitée de nos sublimes sultans, qui n'a d'autre règle qu'elle-même, ne produit pas plus de monstres que cet art indigne qui veut faire plier la justice, tout inflexible qu'elle est.

On diroit, Rhédi, qu'il y a deux justices toutes différentes : l'une qui règle les affaires des particuliers, qui règne dans le droit civil; l'autre qui règle les différends qui surviennent de peuple à peuple, qui tyrannise dans le droit public : comme si le droit public n'étoit pas lui-même un droit civil, non pas à la vérité d'un pays particulier, mais du monde.

Je t'expliquerai dans une autre lettre mes pensées là-dessus.

A Paris, le 1er de la lune de Zilhagé, 1716.

LETTRE XCVI.

USBEK AU MÊME.

Les magistrats doivent rendre la justice de citoyen à citoyen : chaque peuple la doit rendre lui-même de lui à un autre peuple. Dans cette seconde distribution de justice, on ne peut employer d'autres maximes que dans la première.

De peuple à peuple, il est rarement besoin de tiers pour juger, parce que les sujets de disputes sont presque toujours clairs et faciles à terminer. Les intérêts de deux nations sont ordinairement si séparés, qu'il ne faut qu'aimer la justice pour la trouver : on ne peut guère se prévenir dans sa propre cause.

Il n'en est pas de même des différends qui arrivent entre particuliers. Comme ils vivent en société, leurs intérêts sont si mêlés et si confondus, il y en a tant de sortes différentes, qu'il est nécessaire qu'un tiers débrouille ce que la cupidité des parties cherche à obscurcir.

Il n'y a que deux sortes de guerres justes : les unes qui se font pour repousser un ennemi qui attaque; les autres pour secourir un allié qui est attaqué.

Il n'y auroit point de justice de faire la guerre pour des querelles particulières du prince, à moins que le cas ne fût si grave qu'il méritât la mort du prince, ou du peuple qui l'a commis. Ainsi un prince ne peut faire la guerre parce qu'on lui aura refusé un honneur qui lui est dû, ou parce qu'on aura eu quelque procédé peu convenable à l'égard de ses ambassadeurs, et autres choses pareilles; non plus qu'un particulier ne peut tuer celui qui lui refuse le pas. La raison en est que, comme la déclaration de guerre doit être un acte de justice, dans lequel il faut toujours que la peine soit proportionnée à la faute, il faut voir si celui à qui on déclare la guerre mérite la mort. Car faire la guerre à quelqu'un, c'est vouloir le punir de mort.

Dans le droit public, l'acte de justice le plus sévère c'est la guerre : puisque son but est la destruction de la société.

Les représailles sont du second degré. C'est une loi que les tribunaux n'ont pu s'empêcher d'observer, de mesurer la peine par le crime.

Un troisième acte de justice est de priver un prince des avantages qu'il peut tirer de nous, proportionnant toujours la peine à l'offense.

Le quatrième acte de justice, qui doit être le plus fréquent, est la renonciation à l'alliance du peuple dont on a à se plaindre. Cette peine répond à celle du bannissement établie dans les tribunaux, qui retranche les coupables de la société. Ainsi un prince à l'alliance duquel nous renonçons est retranché par là de notre société, et n'est plus un de nos membres.

On ne peut pas faire de plus grand affront à un prince que de renoncer à son alliance, ni lui faire de plus grand honneur que de la contracter. Il n'y a rien parmi les hommes qui leur soit plus glorieux, et même plus utile, que d'en voir d'autres toujours attentifs à leur conservation.

Mais pour que l'alliance nous lie, il faut qu'elle soit juste : ainsi une alliance faite entre deux nations pour en opprimer une troisième n'est pas légitime, et on peut la violer sans crime.

Il n'est pas même de l'honneur et de la dignité du prince de s'allier avec un tyran. On dit qu'un monarque d'Égypte fit avertir le roi de Samos de sa cruauté et de sa tyrannie, et le somma de s'en corriger : comme il ne le fit pas, il lui envoya dire qu'il renonçoit à son amitié et à son alliance.

La conquête ne donne point un droit par elle-même. Lorsque le peuple subsiste, elle est un gage de la paix et de la réparation du tort ; et, si le peuple est détruit ou dispersé, elle est le monument d'une tyrannie.

Les traités de paix sont si sacrés parmi les hommes, qu'il semble qu'ils soient la voix de la nature, qui réclame ses droits. Ils sont tous légitimes, lorsque les conditions en sont telles que les deux peuples peuvent se conserver : sans quoi, celle des deux sociétés qui doit périr, privée de sa défense naturelle par la paix, la peut chercher dans la guerre.

Car la nature, qui a établi les différents degrés de force et de foiblesse parmi les hommes, a encore souvent égalé la foiblesse à la force par le désespoir.

A Paris, le 4 de la lune de Zilhagé, 1716.

LETTRE XCVII.

LE PREMIER EUNUQUE A USBEK.

A Paris.

Il est arrivé ici beaucoup de femmes jaunes du royaume de Visapour : j'en ai acheté une pour ton frère le gouverneur de Mazenderan, qui m'envoya il y a un mois son commandement sublime et cent tomans.

Je me connois en femmes, d'autant mieux qu'elles ne me surprennent pas, et qu'en moi les yeux ne sont point troublés par les mouvements du cœur.

Je n'ai jamais vu de beauté si régulière et si parfaite : ses yeux brillants portent la vie sur son visage, et relèvent l'éclat d'une couleur qui pourroit effacer tous les charmes de la Circassie.

Le premier eunuque d'un négociant d'Ispahan la marchandoit avec moi; mais elle se déroboit dédaigneusement à ses regards, et sembloit chercher les miens, comme si elle avoit voulu me dire qu'un vil marchand n'étoit pas digne d'elle, et qu'elle étoit destinée à un plus illustre époux.

Je te l'avoue, je sens dans moi-même une joie secrète quand je pense aux charmes de cette belle personne : il me semble que je la vois entrer dans le sérail de ton frère ; je me plais à prévoir l'étonnement de toutes ses femmes ; la douleur impérieuse des unes; l'affliction muette, mais plus douloureuse, des autres; la consolation maligne de celles qui n'espèrent plus rien, et l'ambition irritée de celles qui espèrent encore.

Je vais d'un bout du royaume à l'autre faire changer tout un sérail de face. Que de passions je vais émouvoir ! Que de craintes et de peines je prépare !

Cependant, dans le trouble du dedans, le dehors ne sera pas moins tranquille : les grandes révolutions seront cachées dans le fond du cœur; les chagrins seront dévorés, et les joies contenues ; l'obéissance ne sera pas moins exacte, et les règles moins inflexibles; la douceur, toujours contrainte de paroître, sortira du fond même du désespoir.

Nous remarquons que, plus nous avons de femmes sous nos yeux, moins elles nous donnent d'embarras. Une plus grande nécessité de plaire, moins de facilité de s'unir, plus d'exemples de soumission, tout cela leur forme des chaînes. Les unes sont sans cesse attentives sur les démarches des autres : il semble que, de concert avec nous, elles travaillent à se rendre plus dépendantes; elles

font presque la moitié de notre office, et nous ouvrent les yeux quand nous les fermons. Que dis-je ? elles irritent sans cesse le maître contre leurs rivales ; et elles ne voient pas combien elles se trouvent près de celles qu'on punit.

Mais tout cela, magnifique seigneur, tout cela n'est rien sans la présence du maître. Que pouvons-nous faire avec ce vain fantôme d'une autorité qui ne se communique jamais tout entière ? Nous ne représentons que foiblement la moitié de toi-même : nous ne pouvons que leur montrer une odieuse sévérité. Toi, tu tempères la crainte par les espérances : plus absolu quand tu caresses, que tu ne l'es quand tu menaces.

Reviens donc, magnifique seigneur, reviens dans ces lieux porter partout les marques de ton empire. Viens adoucir des passions désespérées : viens ôter tout prétexte de faillir ; viens apaiser l'amour qui murmure, et rendre le devoir même aimable ; viens enfin soulager tes fidèles eunuques d'un fardeau qui s'appesantit chaque jour.

Du sérail d'Ispahan, le 8 de la lune de Zilhagé, 1716.

LETTRE XCVIII.

USBEK A HASSEIN, DERVIS DE LA MONTAGNE DE JARON.

O toi, sage dervis, dont l'esprit curieux brille de tant de connoissances, écoute ce que je vais te dire.

Il y a ici des philosophes qui, à la vérité, n'ont point atteint jusqu'au faîte de la sagesse orientale : ils n'ont point été ravis jusqu'au trône lumineux; ils n'ont, ni entendu les paroles ineffables dont les concerts des anges retentissent, ni senti les formidables accès d'une fureur divine : mais, laissés à eux-mêmes, privés des saintes merveilles, ils suivent dans le silence les traces de la raison humaine.

Tu ne saurois croire jusqu'où ce guide les a conduits. Ils ont débrouillé le chaos ; et ont expliqué, par une mécanique simple, l'ordre de l'architecture divine. L'auteur de la nature a donné du mouvement à la matière : il n'en a pas fallu davantage pour produire cette prodigieuse variété d'effets, que nous voyons dans l'univers.

Que les législateurs ordinaires nous proposent des lois pour régler les sociétés des hommes ; des lois aussi sujettes au changement que l'esprit de ceux qui les proposent et des peuples qui les observent : ceux-ci ne nous parlent que des lois générales, immuables, éternelles, qui s'observent sans aucune exception, avec un ordre, une régularité, et une promptitude infinie, dans l'immensité des espaces.

Et que crois-tu, homme divin, que soient ces lois ? Tu t'imagines peut-être qu'entrant dans le conseil de l'Éternel, tu vas être étonné par la sublimité des mystères : tu renonces par avance à comprendre ; tu ne te proposes que d'admirer.

Mais tu changeras bientôt de pensée : elles n'éblouissent point par un faux respect; leur simplicité les a fait longtemps méconnoître, et ce n'est qu'après bien des réflexions qu'on en a connu toute la fécondité et toute l'étendue.

La première est que tout corps tend à décrire une ligne droite, à moins qu'il ne rencontre quelque obstacle qui l'en détourne ; et la seconde, qui n'en est qu'une suite, c'est que tout corps qui tourne autour d'un centre tend à s'en éloigner, parce que, plus il en est loin, plus la ligne qu'il décrit approche de la ligne droite.

Voilà, sublime dervis, la clef de la nature : voilà des principes féconds, dont on tire des conséquences à perte de vue, comme je te le ferai voir dans une lettre particulière.

La connoissance de cinq ou six vérités a rendu leur philosophie pleine de miracles, et leur a fait faire plus de prodiges et de merveilles que tout ce qu'on nous raconte de nos saints prophètes.

Car enfin je suis persuadé qu'il n'y a aucun de nos docteurs qui n'eût été embarrassé, si on lui eût dit de peser dans une balance tout l'air qui est autour de la terre, ou de mesurer toute l'eau qui tombe chaque année sur sa surface ; et qui n'eût pensé plus de quatre fois, avant de dire combien de lieues le son fait dans une heure ; quel temps un rayon de lumière emploie à venir du soleil à nous ; combien de toises il y a d'ici à Saturne ; quelle est la courbe selon laquelle un vaisseau doit être taillé, pour être le meilleur voilier qu'il soit possible.

Peut-être que si quelque homme divin avoit orné les ouvrages de ces philosophes de paroles hautes et sublimes ; s'il y avoit mêlé des figures hardies et des allégories mystérieuses, il auroit fait un bel ouvrage qui n'auroit cédé qu'au saint Alcoran.

Cependant, s'il te faut dire ce que je pense, je ne m'accommode guères du style figuré. Il y a

dans notre Alcoran un grand nombre de choses puériles, qui me paroissent toujours telles, quoiqu'elles soient relevées par la force et la vie de l'expression. Il semble d'abord que les livres inspirés ne sont que les idées divines rendues en langage humain : au contraire, dans nos livres saints, on trouve le langage de Dieu, et les idées des hommes; comme si, par un admirable caprice, Dieu y avoit dicté les paroles, et que l'homme eût fourni les pensées.

Tu diras peut-être que je parle trop librement de ce qu'il y a de plus saint parmi nous ; tu croiras que c'est le fruit de l'indépendance où l'on vit dans ce pays. Non, grâces au ciel, l'esprit n'a pas corrompu le cœur ; et, tandis que je vivrai, Ali sera mon prophète.

A Paris, le 15 de la lune de Chahban, 1716.

LETTRE XCIX.

USBEK A IBBEN.

A Smyrne.

Il n'y a point de pays au monde où la fortune soit si inconstante que dans celui-ci. Il arrive tous les dix ans des révolutions qui précipitent le riche dans la misère, et enlèvent le pauvre avec des ailes rapides au comble des richesses. Celui-ci est étonné de sa pauvreté; celui-là l'est de son abondance. Le nouveau riche admire la sagesse

de la providence ; le pauvre, l'aveugle fatalité du destin.

Ceux qui lèvent les tributs nagent au milieu des trésors : parmi eux il y a peu de Tantales. Ils commencent pourtant ce métier par la dernière misère : ils sont méprisés comme de la boue pendant qu'ils sont pauvres ; quand ils sont riches, on les estime assez : aussi ne négligent-ils rien pour acquérir de l'estime.

Ils sont à présent dans une situation bien terrible. On vient d'établir une chambre qu'on appelle de justice, parce qu'elle va leur ravir tout leur bien. Ils ne peuvent ni détourner ni cacher leurs effets ; car on les oblige de les déclarer au juste, sous peine de la vie : ainsi on les fait passer par un défilé bien étroit, je veux dire entre la vie et leur argent. Pour comble d'infortune, il y a un ministre connu par son esprit, qui les honore de ses plaisanteries, et badine sur toutes les délibérations du conseil. On ne trouve pas tous les jours des ministres disposés à faire rire le peuple ; et l'on doit savoir bon gré à celui-ci de l'avoir entrepris.

Le corps des laquais est plus respectable en France qu'ailleurs : c'est un séminaire de grands seigneurs ; il remplit le vide des autres états. Ceux qui le composent prennent la place des grands malheureux, des magistrats ruinés, des gentilshommes tués dans les fureurs de la guerre ; et quand ils ne peuvent pas suppléer par eux-mêmes, ils relèvent toutes les grandes maisons par le moyen de leurs filles, qui sont comme une espèce de fumier qui engraisse les terres montagneuses et arides.

Je trouve, Ibben, la providence admirable dans

la manière dont elle a distribué les richesses : si elle ne les avoit accordées qu'aux gens de bien, on ne les auroit pas assez distinguées de la vertu, et on n'en auroit plus senti tout le néant. Mais quand on examine qui sont les gens qui en sont les plus chargés, à force de mépriser les riches, on vient enfin à mépriser les richesses.

A Paris, le 26 de la lune de Maharram, 1717.

LETTRE C.

RICA A RHÉDI.

A Venise.

Je trouve les caprices de la mode, chez les François, étonnants. Ils ont oublié comment ils étoient habillés cet été ; ils ignorent encore plus comment ils le seront cet hiver : mais surtout on ne sauroit croire combien il en coûte à un mari, pour mettre sa femme à la mode.

Que me serviroit de te faire une description exacte de leur habillement et de leurs parures ? une mode nouvelle viendroit détruire tout mon ouvrage, comme celui de leurs ouvriers ; et, avant que tu eusses reçu ma lettre, tout seroit changé.

Une femme qui quitte Paris pour aller passer six mois à la campagne en revient aussi antique que si elle s'y étoit oubliée trente ans. Le fils méconnoît le portrait de sa mère, tant l'habit avec lequel elle est peinte lui paroît étranger ; il

s'imagine que c'est quelque Américaine qui y est représentée; ou que le peintre a voulu exprimer quelqu'une de ses fantaisies.

Quelquefois les coiffures montent insensiblement; et une révolution les fait descendre tout à coup. Il a été un temps que leur hauteur immense mettoit le visage d'une femme au milieu d'elle-même : dans un autre, c'étoit les pieds qui occupoient cette place ; les talons faisoient un piédestal, qui les tenoit en l'air. Qui pourroit le croire? les architectes ont été souvent obligés de hausser, de baisser et d'élargir leurs portes, selon que les parures des femmes exigeoient d'eux ce changement : et les règles de leur art ont été asservies à ces fantaisies. On voit quelquefois sur un visage une quantité prodigieuse de mouches, et elles disparoissent toutes le lendemain. Autrefois les femmes avoient de la taille, et des dents ; aujourd'hui il n'en est pas question. Dans cette changeante nation, quoi qu'en dise le critique, les filles se trouvent autrement faites que leurs mères.

Il en est des manières et de la façon de vivre comme des modes : les François changent de mœurs selon l'âge de leur roi. Le monarque pourroit même parvenir à rendre la nation grave, s'il l'avoit entrepris. Le prince imprime le caractère de son esprit à la cour, la cour à la ville, la ville aux provinces. L'âme du souverain est un moule qui donne la forme à toutes les autres.

De Paris, le 8 de la lune de Saphar, 1717.

LETTRE CI.

RICA AU MÊME.

Je te parlois l'autre jour de l'inconstance prodigieuse des François sur leurs modes. Cependant il est inconcevable à quel point ils en sont entêtés : c'est la règle avec laquelle ils jugent de tout ce qui se fait chez les autres nations ; ils y rappellent tout ; ce qui est étranger leur paroît toujours ridicule. Je t'avoue que je ne saurois guères ajuster cette fureur pour leurs costumes avec l'inconstance avec laquelle ils en changent tous les jours.

Quand je te dis qu'ils méprisent tout ce qui est étranger, je ne te parle que des bagatelles ; car, sur les choses importantes, ils semblent s'être méfiés d'eux-mêmes jusqu'à se dégrader. Ils avouent de bon cœur que les autres peuples sont plus sages, pourvu qu'on convienne qu'ils sont mieux vêtus : ils veulent bien s'assujettir aux lois d'une nation rivale, pourvu que les perruquiers françois décident en législateurs sur la forme des perruques étrangères. Rien ne leur paroît si beau que de voir le goût de leurs cuisiniers régner du septentrion au midi ; et les ordonnances de leurs coiffeuses portées dans toutes les toilettes de l'Europe.

Avec ces nobles avantages, que leur importe que le bon sens leur vienne d'ailleurs, et qu'ils aient pris de leurs voisins tout ce qui concerne le gouvernement politique et civil ?

Qui peut penser qu'un royaume, le plus ancien

et le plus puissant de l'Europe, soit gouverné, depuis plus de dix siècles, par des lois qui ne sont pas faites pour lui ? Si les François avoient été conquis, ceci ne seroit pas difficile à comprendre : mais ils sont les conquérants.

Ils ont abandonné les lois anciennes, faites par leurs premiers rois dans les assemblées générales de la nation ; et ce qu'il y a de singulier, c'est que les lois romaines, qu'ils ont prises à la place, étoient en partie faites et en partie rédigées par des empereurs contemporains de leurs législateurs.

Et afin que l'acquisition fût entière, et que tout le bon sens leur vînt d'ailleurs, ils ont adopté toutes les constitutions des papes, et en ont fait une nouvelle partie de leur droit : nouveau genre de servitude.

Il est vrai que, dans les derniers temps, on a rédigé par écrit quelques statuts des villes et des provinces : mais ils sont presque tous pris du droit romain.

Cette abondance de lois adoptées, et pour ainsi dire naturalisées, est si grande qu'elle accable également la justice et les juges. Mais ces volumes de lois ne sont rien en comparaison de cette armée effroyable de glossateurs, de commentateurs, de compilateurs ; gens aussi foibles par le peu de justesse de leur esprit qu'ils sont forts par leur nombre prodigieux.

Ce n'est pas tout : ces lois étrangères ont introduit des formalités qui sont la honte de la raison humaine. Il seroit assez difficile de décider si la forme s'est rendue plus pernicieuse, lorsqu'elle est entrée dans la jurisprudence, ou lorsqu'elle s'est logée dans la médecine ; si elle a fait plus de

ravages sous la robe d'un jurisconsulte que sous le large chapeau d'un médecin ; et si dans l'une elle a plus ruiné de gens qu'elle n'en a tué dans l'autre.

De Paris, le 17 de la lune de Saphar, 1717.

LETTRE CII.

USBEK A ***.

On parle toujours ici de la constitution. J'entrai l'autre jour dans une maison où je vis d'abord un gros homme avec un teint vermeil, qui disoit d'une voix forte : J'ai donné mon mandement ; je n'irai point répondre à tout ce que vous dites ; mais lisez-le, ce mandement ; et vous verrez que j'y ai résolu tous vos doutes. Il m'a fallu bien suer pour le faire, dit-il en portant la main sur le front ; j'ai eu besoin de toute ma doctrine ; et il m'a fallu lire bien des auteurs latins. Je le crois, dit un homme qui se trouva là, car c'est un bel ouvrage ; et je défie ce jésuite qui vient si souvent vous voir d'en faire un meilleur. Eh bien, lisez-le donc, reprit-il ; et vous serez plus instruit sur ces matières dans un quart d'heure, que si je vous en avois parlé deux heures. Voilà comme il évitoit d'entrer en conversation, et de commettre sa suffisance. Mais, comme il se vit pressé, il fut obligé de sortir de ses retranchements ; et il commença à dire théologiquement force sottises, soutenu d'un dervis qui les lui rendoit très-

respectueusement. Quand deux hommes qui étoient là lui nioient quelque principe, il disoit d'abord : Cela est certain, nous l'avons jugé ainsi ; et nous sommes des juges infaillibles. Et comment, lui dis-je pour lors, êtes-vous des juges infaillibles ? Ne voyez-vous pas, reprit-il, que le Saint-Esprit nous éclaire ? Cela est heureux, lui répondis-je ; car, de la manière dont vous avez parlé tout aujourd'hui, je reconnois que vous avez grand besoin d'être éclairé.

De Paris, le 18 de la lune de Rebiab 1, 1717.

LETTRE CIII.

USBEK A IBBEN.

A Smyrne.

Les plus puissants États de l'Europe sont ceux de l'empereur, des rois de France, d'Espagne et d'Angleterre. L'Italie et une grande partie de l'Allemagne sont partagées en un nombre infini de petits États, dont les princes sont, à proprement parler, les martyrs de la souveraineté. Nos glorieux sultans ont plus de femmes que la plupart de ces princes n'ont de sujets. Ceux d'Italie, qui ne sont pas si unis, sont plus à plaindre : leurs États sont ouverts comme des caravansérails, où ils sont obligés de loger les premiers qui viennent : il faut donc qu'ils s'attachent aux grands princes, et leur fassent part de leur frayeur, plutôt que de leur amitié.

La plupart des gouvernements d'Europe sont monarchiques, ou plutôt sont ainsi appelés : car je ne sais pas s'il y en a jamais eu véritablement de tels ; au moins est-il impossible qu'ils aient subsisté longtemps dans leur pureté. C'est un état violent, qui dégénère toujours en despotisme, ou en république : la puissance ne peut jamais être également partagée entre le peuple et le prince ; l'équilibre est trop difficile à garder : il faut que le pouvoir diminue d'un côté pendant qu'il augmente de l'autre ; mais l'avantage est ordinairement du côté du prince, qui est à la tête des armées.

Aussi le pouvoir des rois d'Europe est-il bien grand, et on peut dire qu'ils l'ont tel qu'ils le veulent : mais ils ne l'exercent point avec tant d'étendue que nos sultans ; premièrement, parce qu'ils ne veulent point choquer les mœurs et la religion des peuples ; secondement, parce qu'il n'est pas de leur intérêt de le porter si loin.

Rien ne rapproche plus les princes de la condition de leurs sujets, que cet immense pouvoir qu'ils exercent sur eux ; rien ne les soumet plus aux revers, et aux caprices de la fortune.

L'usage où ils sont de faire mourir tous ceux qui leur déplaisent, au moindre signe qu'ils font, renverse la proportion qui doit être entre les fautes et les peines, qui est comme l'âme des États et l'harmonie des empires ; et cette proportion, scrupuleusement gardée par les princes chrétiens, leur donne un avantage infini sur nos sultans.

Un Persan qui, par imprudence ou par malheur, s'est attiré la disgrâce du prince, est sûr de mourir : la moindre faute ou le moindre caprice le met dans cette nécessité. Mais s'il avoit attenté

à la vie de son souverain, s'il avoit voulu livrer ses places aux ennemis, il en seroit aussi quitte pour perdre la vie : il ne court donc pas plus de risque dans ce dernier cas que dans le premier.

Aussi, dans la moindre disgrâce, voyant la mort certaine, et ne voyant rien de pis, il se porte naturellement à troubler l'État, et à conspirer contre le souverain ; seule ressource qui lui reste.

Il n'en est pas de même des grands d'Europe, à qui la disgrâce n'ôte rien que la bienveillance et la faveur. Ils se retirent de la cour, et ne songent qu'à jouir d'une vie tranquille et des avantages de leur naissance. Comme on ne les fait guères périr que pour le crime de lèse-majesté, ils craignent d'y tomber, par la considération de ce qu'ils ont à perdre, et du peu qu'ils ont à gagner : ce qui fait qu'on voit peu de révoltes, et peu de princes morts d'une mort violente.

Si, dans cette autorité illimitée qu'ont nos princes, ils n'apportoient pas tant de précautions pour mettre leur vie en sûreté, ils ne vivroient pas un jour ; et s'ils n'avoient à leur solde un nombre innombrable de troupes, pour tyranniser le reste de leurs sujets, leur empire ne subsisteroit pas un mois.

Il n'y a que quatre ou cinq siècles qu'un roi de France prit des gardes, contre l'usage de ces temps-là, pour se garantir des assassins qu'un petit prince d'Asie avoit envoyés pour le faire périr : jusque-là les rois avoient vécu tranquilles au milieu de leurs sujets, comme des pères au milieu de leurs enfants.

Bien loin que les rois de France puissent de leur propre mouvement ôter la vie à un de leurs sujets, comme nos sultans, ils portent au contraire

toujours avec eux la grâce de tous les criminels; il suffit qu'un homme ait été assez heureux pour voir l'auguste visage de son prince, pour qu'il cesse d'être indigne de vivre. Ces monarques sont comme le soleil, qui porte partout la chaleur et la vie.

De Paris, le 8 de la lune de Rebiab 2, 1717.

LETTRE CIV.

USBEK AU MÊME.

Pour suivre l'idée de ma dernière lettre, voici à peu près ce que me disoit l'autre jour un Européen assez sensé :

Le plus mauvais parti que les princes d'Asie aient pu prendre, c'est de se cacher comme ils font. Ils veulent se rendre plus respectables : mais ils font respecter la royauté, et non pas le roi; et attachent l'esprit des sujets à un certain trône, et non pas à une certaine personne.

Cette puissance invisible qui gouverne est toujours la même pour le peuple. Quoique dix rois, qu'il ne connoît que de nom, se soient égorgés l'un après l'autre, il ne sent aucune différence : c'est comme s'il avoit été gouverné successivement par des esprits.

Si le détestable parricide de notre grand roi

Henri IV avoit porté ce coup sur un roi des Indes; maître du sceau royal et d'un trésor immense, qui auroit semblé amassé pour lui, il auroit pris tranquillement les rênes de l'empire, sans qu'un seul homme eût pensé à réclamer son roi, sa famille et ses enfants.

On s'étonne de ce qu'il n'y a presque jamais de changement dans le gouvernement des princes d'Orient; et d'où vient cela, si ce n'est de ce qu'il est tyrannique et affreux?

Les changements ne peuvent être faits que par le prince, ou par le peuple; mais là, les princes n'ont garde d'en faire, parce que, dans un si haut degré de puissance, ils ont tout ce qu'ils peuvent avoir; s'ils changeoient quelque chose, ce ne pourroit être qu'à leur préjudice.

Quant aux sujets, si quelqu'un d'eux forme quelque résolution, il ne sauroit l'exécuter sur l'État; il faudroit qu'il contre-balançât tout à coup une puissance redoutable et toujours unique; le temps lui manque comme les moyens : mais il n'a qu'à aller à la source de ce pouvoir; et il ne lui faut qu'un bras et qu'un instant.

Le meurtrier monte sur le trône pendant que le monarque en descend, tombe, et va expirer à ses pieds.

Un mécontent en Europe songe à entretenir quelque intelligence secrète, à se jeter chez les ennemis, à se saisir de quelque place, à exciter quelques vains murmures parmi les sujets. Un mécontent en Asie va droit au prince, étonne, frappe, renverse : il en efface jusqu'à l'idée ; dans un instant l'esclave et le maître; dans un instant usurpateur et légitime.

Malheureux le roi qui n'a qu'une tête ! il semble

ne réunir sur elle toute sa puissance, que pour indiquer au premier ambitieux l'endroit où il la trouvera tout entière.

De Paris, le 17 de la lune de Rebiab 2, 1717.

LETTRE CV.

USBEK AU MÊME.

Tous les peuples d'Europe ne sont pas également soumis à leurs princes : par exemple, l'humeur impatiente des Anglois ne laisse guère à leur roi le temps d'appesantir son autorité; la soumission et l'obéissance sont les vertus dont ils se piquent le moins. Ils disent là-dessus des choses bien extraordinaires. Selon eux, il n'y a qu'un lien qui puisse attacher les hommes, qui est celui de la gratitude : un mari, une femme, un père et un fils, ne sont liés entre eux que par l'amour qu'ils se portent, ou par les bienfaits qu'ils se procurent ; et ces motifs divers de reconnoissance sont l'origine de tous les royaumes, et de toutes les sociétés.

Mais si un prince, bien loin de faire vivre ses sujets heureux, veut les accabler et les détruire, le fondement de l'obéissance cesse; rien ne les lie, rien ne les attache à lui ; et ils rentrent dans leur liberté naturelle. Ils soutiennent que tout pouvoir sans bornes ne sauroit être légitime, parce qu'il n'a jamais pu avoir d'origine légitime. Car nous ne pouvons pas, disent-ils, donner à un autre plus

de pouvoir sur nous que nous n'en avons nous-mêmes : or nous n'avons pas sur nous-mêmes un pouvoir sans bornes ; par exemple, nous ne pouvons pas nous ôter la vie : personne n'a donc, concluent-ils, sur la terre un tel pouvoir.

Le crime de lèse-majesté n'est autre chose, selon eux, que le crime que le plus foible commet contre le plus fort, en lui désobéissant, de quelque manière qu'il lui désobéisse. Aussi le peuple d'Angleterre, qui se trouva le plus fort contre un de leurs rois, déclara-t-il que c'était un crime de lèse-majesté à un prince de faire la guerre à ses sujets. Ils ont donc grande raison, quand ils disent que le précepte de leur Alcoran, qui ordonne de se soumettre aux puissances, n'est pas bien difficile à suivre, puisqu'il leur est impossible de ne le pas observer ; d'autant que ce n'est pas au plus vertueux qu'on les oblige de se soumettre, mais à celui qui est le plus fort.

Les Anglois disent qu'un de leurs rois, qui avoit vaincu et pris prisonnier un prince qui s'étoit révolté et lui disputoit la couronne, ayant voulu lui reprocher son infidélité et sa perfidie : Il n'y a qu'un moment, dit le prince infortuné, qu'il vient d'être décidé lequel de nous deux est le traître.

Un usurpateur déclare rebelles tous ceux qui n'ont point opprimé la patrie comme lui : et, croyant qu'il n'y a pas de loi là où il ne voit point de juges, il fait révérer, comme des arrêts du ciel, les caprices du hasard et de la fortune.

De Paris, le 20 de la lune de Rebiab 2, 1717.

LETTRE CVI.

RHÉDI A USBEK,

A Paris.

Tu m'as beaucoup parlé, dans une de tes lettres, des sciences et des arts cultivés en Occident. Tu me vas regarder comme un barbare; mais je ne sais si l'utilité que l'on en retire dédommage les hommes du mauvais usage que l'on en fait tous les jours.

J'ai ouï dire que la seule invention des bombes avoit ôté la liberté à tous les peuples d'Europe. Les princes ne pouvant plus confier la garde des places aux bourgeois, qui, à la première bombe, se seroient rendus, ont eu un prétexte pour entretenir de gros corps de troupes réglées, avec lesquelles ils ont dans la suite opprimé leurs sujets.

Tu sais que, depuis l'invention de la poudre, il n'y a plus de places imprenables; c'est-à-dire, Usbek, qu'il n'y a plus d'asile sur la terre contre l'injustice et la violence.

Je tremble toujours qu'on ne parvienne à la fin à découvrir quelque secret qui fournisse une voie plus abrégée pour faire périr les hommes, détruire les peuples et les nations entières.

Tu as lu les historiens; fais-y bien attention : presque toutes les monarchies n'ont été fondées que sur l'ignorance des arts, et n'ont été détruites que parce qu'on les a trop cultivés. L'ancien empire de Perse peut nous en fournir un exemple domestique.

Il n'y a pas longtemps que je suis en Europe; mais j'ai ouï parler à des gens sensés des ravages de la chimie : il semble que ce soit un quatrième fléau qui ruine les hommes et les détruit en détail, mais continuellement; tandis que la guerre, la peste, la famine, les détruisent en gros, mais par intervalles.

Que nous a servi l'invention de la boussole, et la découverte de tant de peuples, qu'à nous communiquer leurs maladies plutôt que leurs richesses? L'or et l'argent avoient été établis, par une convention générale, pour être le prix de toutes les marchandises et un gage de leur valeur, par la raison que ces métaux étoient rares, et inutiles à tout autre usage : que nous importoit-il donc qu'ils devinssent plus communs, et que, pour marquer la valeur d'une denrée, nous eussions deux ou trois signes au lieu d'un? Cela n'en étoit que plus incommode.

Mais, d'un autre côté, cette invention a été bien pernicieuse aux pays qui ont été découverts. Les nations entières ont été détruites; et les hommes qui ont échappé à la mort ont été réduits à une servitude si rude, que le récit en a fait frémir les musulmans.

Heureuse l'ignorance des enfants de Mahomet! Aimable simplicité, si chérie de notre saint prophète, vous me rappelez toujours la naïveté des anciens temps, et la tranquillité qui régnoit dans le cœur de nos premiers pères.

De Venise, le 2 de la lune de Rhamazan, 1717.

LETTRE CVII.

USBEK A RHÉDI.

A Venise.

Ou tu ne penses pas ce que tu dis, ou bien tu fais mieux que tu ne penses. Tu as quitté ta patrie pour t'instruire, et tu méprises toute instruction : tu viens pour te former dans un pays où l'on cultive les beaux-arts, et tu les regardes comme pernicieux. Te le dirai-je, Rhédi? je suis plus d'accord avec toi que tu ne l'es avec toi-même.

As-tu bien réfléchi à l'état barbare et malheureux où nous entraîneroit la perte des arts? Il n'est pas nécessaire de se l'imaginer, on peut le voir. Il y a encore des peuples sur la terre chez lesquels un singe passablement instruit pourroit vivre avec honneur; il s'y trouveroit à peu près à la portée des autres habitants : on ne lui trouveroit point l'esprit singulier, ni le caractère bizarre; il passeroit tout comme un autre, et seroit distingué même par sa gentillesse.

Tu dis que les fondateurs des empires ont presque tous ignoré les arts. Je ne te nie pas que des peuples barbares n'aient pu, comme des torrents impétueux, se répandre sur la terre, et couvrir de leurs armées féroces les royaumes les mieux policés. Mais, prends-y garde, ils ont appris les arts ou les ont fait exercer aux peuples vaincus; sans cela leur puissance auroit passé comme le bruit du tonnerre et des tempêtes.

Tu crains, dis-tu, que l'on n'invente quelque

manière de destruction plus cruelle que celle qui est en usage. Non : si une fatale invention venoit à se découvrir, elle seroit bientôt prohibée par le droit des gens ; et le consentement unanime des nations enseveliroit cette découverte. Il n'est point de l'intérêt des princes de faire des conquêtes par de pareilles voies : ils doivent chercher des sujets, et non pas des terres.

Tu te plains de l'invention de la poudre et des bombes ; tu trouves étrange qu'il n'y ait plus de place imprenable : c'est-à-dire que tu trouves étrange que les guerres soient aujourd'hui terminées plus tôt qu'elles ne l'étoient autrefois.

Tu dois avoir remarqué, en lisant les histoires, que, depuis l'invention de la poudre, les batailles sont beaucoup moins sanglantes qu'elles ne l'étoient, parce qu'il n'y a presque plus de mêlée.

Et quand il se seroit trouvé quelque cas particulier où un art auroit été préjudiciable, doit-on pour cela le rejeter? Penses-tu, Rhédi, que la religion que notre saint prophète a apportée du ciel soit pernicieuse, parce qu'elle servira quelque jour à confondre les perfides chrétiens?

Tu crois que les arts amollissent les peuples, et par là sont cause de la chute des empires. Tu parles de la ruine de celui des anciens Perses, qui fut l'effet de leur mollesse ; mais il s'en faut bien que cet exemple décide, puisque les Grecs, qui les subjuguèrent, cultivoient les arts avec infiniment plus de soin qu'eux.

Quand on dit que les arts rendent les hommes efféminés, on ne parle pas du moins des gens qui s'y appliquent, puisqu'ils ne sont jamais dans l'oisiveté, qui, de tous les vices, est celui qui amollit le plus le courage.

Il n'est donc question que de ceux qui en jouissent. Mais comme dans un pays policé ceux qui jouissent des commodités d'un art sont obligés d'en cultiver un autre, à moins que de se voir réduits à une pauvreté honteuse, il s'ensuit que l'oisiveté et la mollesse sont incompatibles avec les arts.

Paris est peut-être la ville du monde la plus sensuelle, et où l'on raffine le plus sur les plaisirs ; mais c'est peut-être celle où l'on mène une vie plus dure. Pour qu'un homme vive délicieusement, il faut que cent autres travaillent sans relâche. Une femme s'est mis dans la tête qu'elle devoit paroître à une assemblée avec une certaine parure ; il faut que dès ce moment cinquante artisans ne dorment plus, et n'aient plus le loisir de boire et de manger : elle commande, et elle est obéie plus promptement que ne seroit notre monarque ; parce que l'intérêt est le plus grand monarque de la terre.

Cette ardeur pour le travail, cette passion de s'enrichir, passe de condition en condition, depuis les artisans jusqu'aux grands. Personne n'aime à être plus pauvre que celui qu'il vient de voir immédiatement au-dessous de lui. Vous voyez à Paris un homme qui a de quoi vivre jusqu'au jour du jugement, qui travaille sans cesse, et court risque d'accourcir ses jours pour amasser, dit-il, de quoi vivre.

Le même esprit gagne la nation ; on n'y voit que travail et qu'industrie : où est donc ce peuple efféminé dont tu parles tant ?

Je suppose, Rhédi, qu'on ne souffrît dans un royaume que les arts absolument nécessaires à la culture des terres, qui sont pourtant en grand

nombre, et qu'on en bannît tous ceux qui ne servent qu'à la volupté ou à la fantaisie, je le soutiens, cet État seroit le plus misérable qu'il y eût au monde.

Quand les habitants auroient assez de courage pour se passer de tant de choses qu'ils doivent à leurs besoins, le peuple dépériroit tous les jours; et l'État deviendroit si foible, qu'il n'y auroit si petite puissance qui ne fût en état de le conquérir.

Je pourrois entrer ici dans un long détail, et te faire voir que les revenus des particuliers cesseroient presque absolument, et par conséquent ceux du prince. Il n'y auroit presque plus de relation de facultés entre les citoyens; cette circulation de richesses et cette progression de revenus, qui vient de la dépendance où sont les arts les uns des autres, cesseroient absolument; chacun ne tireroit de revenu que de sa terre, et n'en tireroit précisément que ce qu'il lui faut pour ne pas mourir de faim. Mais, comme ce n'est pas la centième partie du revenu d'un royaume, il faudroit que le nombre des habitants diminuât à proportion, et qu'il n'en restât que la centième partie.

Fais bien attention jusqu'où vont les revenus de l'industrie. Un fonds ne produit annuellement à son maître que la vingtième partie de sa valeur; mais, avec une pistole de couleur, un peintre fera un tableau qui lui en vaudra cinquante. On en peut dire de même des orfévres, des ouvriers en laine, en soie, et de toutes sortes d'artisans.

De tout ceci il faut conclure, Rhédi, que pour qu'un prince soit puissant, il faut que ses sujets vivent dans les délices; il faut qu'il travaille à

leur procurer toutes sortes de superfluités avec autant d'attention que les nécessités de la vie.

De Paris, le 14 de la lune de Chalval, 1717.

LETTRE CVIII.

RICA A IBBEN.

A Smyrne.

J'ai vu le jeune monarque : sa vie est bien précieuse à ses sujets ; elle ne l'est pas moins à toute l'Europe, par les grands troubles que sa mort pourroit produire. Mais les rois sont comme les dieux ; et, pendant qu'ils vivent, on doit les croire immortels. Sa physionomie est majestueuse, mais charmante : une belle éducation semble concourir avec un heureux naturel, et promet déjà un grand prince.

On dit que l'on ne peut jamais connoître le caractère des rois d'Occident jusqu'à ce qu'ils aient passé par les deux grandes épreuves, de leur maîtresse, et de leur confesseur. On verra bientôt l'un et l'autre travailler à se saisir de l'esprit de celui-ci ; et il se livrera pour cela de grands combats. Car, sous un jeune prince, ces deux puissances sont toujours rivales ; mais elles se concilient et se réunissent sous un vieux. Sous un jeune prince, le dervis a un rôle bien difficile à soutenir : la force du roi fait sa foiblesse ; mais l'autre triomphe également de sa foiblesse et de sa force.

Lorsque j'arrivai en France, je trouvai le feu roi absolument gouverné par les femmes ; et cependant, dans l'âge où il étoit, je crois que c'étoit le monarque de la terre qui en avoit le moins de besoin. J'entendis un jour une femme qui disoit : Il faut que l'on fasse quelque chose pour ce jeune colonel, sa valeur m'est connue ; j'en parlerai au ministre. Une autre disoit : Il est surprenant que ce jeune abbé ait été oublié ; il faut qu'il soit évêque : il est homme de naissance, et je pourrois répondre de ses mœurs. Il ne faut pas pourtant que tu t'imagines que celles qui tenoient ces discours fussent des favorites du prince ; elles ne lui avoient peut-être pas parlé deux fois en leur vie : chose pourtant très-facile à faire chez les princes européens. Mais c'est qu'il n'y a personne qui ait quelque emploi à la cour, dans Paris ou dans les provinces, qui n'ait une femme par les mains de laquelle passent toutes les grâces et quelquefois les injustices qu'il peut faire. Ces femmes ont toutes des relations les unes avec les autres, et forment une espèce de république, dont les membres toujours actifs se secourent et se servent mutuellement : c'est comme un nouvel État dans l'État ; et celui qui est à la cour, à Paris, dans les provinces, qui voit agir des ministres, des magistrats, des prélats, s'il ne connoît les femmes qui les gouvernent, est comme un homme qui voit bien une machine qui joue, mais qui n'en connoît point les ressorts.

Crois-tu, Ibben, qu'une femme s'avise d'être la maîtresse d'un ministre pour coucher avec lui ? Quelle idée ! c'est pour lui présenter cinq ou six placets tous les matins ; et la bonté de leur naturel paroit dans l'empressement qu'elles ont de

faire du bien à une infinité de gens malheureux, qui leur procurent cent mille livres de rente.

On se plaint en Perse de ce que le royaume est gouverné par deux ou trois femmes : c'est bien pis en France, où les femmes en général gouvernent, et prennent non-seulement en gros, mais même se partagent en détail, toute l'autorité.

<center>De Paris, le dernier de la lune de Chalval, 1717.</center>

LETTRE CIX.

<center>USBEK A ***.</center>

Il y a une espèce de livres que nous ne connoissons point en Perse, et qui me paroissent ici fort à la mode : ce sont les journaux. La paresse se sent flattée en les lisant : on est ravi de pouvoir parcourir trente volumes en un quart d'heure.

Dans la plupart des livres, l'auteur n'a pas fait les compliments ordinaires, que les lecteurs sont aux abois : il les fait entrer à demi morts dans une matière noyée au milieu d'une mer de paroles. Celui-ci veut s'immortaliser par un in-douze; celui-là, par un in-quarto; un autre, qui a de plus belles inclinations, vise à l'in-folio; il faut donc qu'il étende son sujet à proportion; ce qu'il fait sans pitié, comptant pour rien la peine du pauvre lecteur, qui se tue à réduire ce que l'auteur a pris tant de peine à amplifier.

Je ne sais, ***, quel mérite il y a à faire de pareils

ouvrages : j'en ferois bien autant si je voulois ruiner ma santé et un libraire.

Le grand tort qu'ont les journalistes, c'est qu'ils ne parlent que des livres nouveaux : comme si la vérité étoit jamais nouvelle. Il me semble que, jusqu'à ce qu'un homme ait lu tous les livres anciens, il n'a aucune raison de leur préférer les nouveaux.

Mais lorsqu'ils s'imposent la loi de ne parler que des ouvrages encore tout chauds de la forge, ils s'en imposent un autre, qui est d'être très-ennuyeux. Ils n'ont garde de critiquer les livres dont ils font les extraits, quelque raison qu'ils en aient; et, en effet, quel est l'homme assez hardi pour vouloir se faire dix ou douze ennemis tous les mois?

La plupart des auteurs ressemblent aux poëtes, qui souffriront une volée de coups de bâton sans se plaindre; mais qui, peu jaloux de leurs épaules, le sont si fort de leurs ouvrages, qu'ils ne sauroient soutenir la moindre critique. Il faut donc bien se donner de garde de les attaquer par un endroit si sensible; et les journalistes le savent bien. Ils font donc tout le contraire; ils commencent par louer la matière qui est traitée : première fadeur; de là ils passent aux louanges de l'auteur; louanges forcées: car ils ont affaire à des gens qui sont encore en haleine, tout prêts à se faire faire raison, et à foudroyer à coups de plume un téméraire journaliste.

De Paris, le 5 de la lune de Zilcadé, 1718.

LETTRE CX.

RICA A ***.

L'université de Paris est la fille aînée des rois de France, et très-aînée; car elle a plus de neuf cents ans : aussi rêve-t-elle quelquefois.

On m'a conté qu'elle eut, il y a quelque temps, un grand démêlé avec quelques docteurs à l'occasion de la lettre Q*, qu'elle vouloit que l'on prononçât comme un K. La dispute s'échauffa si fort, que quelques-uns furent dépouillés de leurs biens : il fallut que le parlement terminât le différend ; et il accorda permission, par un arrêt solennel, à tous les sujets du roi de France de prononcer cette lettre à leur fantaisie. Il faisoit beau voir les deux corps de l'Europe les plus respectables occupés à décider du sort d'une lettre de l'alphabet.

Il semble, mon cher ***, que les têtes des plus grands hommes s'étrécissent lorsqu'elles sont assemblées; et que, là où il y a plus de sages, il y ait aussi moins de sagesse. Les grands corps s'attachent toujours si fort aux minuties, aux formalités, aux vains usages, que l'essentiel ne va jamais qu'après. J'ai ouï dire qu'un roi d'Arragon** ayant assemblé les états d'Arragon et de Catalogne, les premières séances s'employèrent à décider en quelle langue les délibérations seroient conçues : la dispute étoit vive, et les états se seroient rompus mille fois, si l'on n'avoit imaginé un expédient,

* Il veut parler de la querelle de Ramus.
** C'était en 1610.

qui étoit que la demande seroit faite en langage catalan, et la réponse en arragonois.

De Paris, le 25 de la lune de Zilhagé, 1718.

LETTRE CXI.

RICA A ***.

Le rôle d'une jolie femme est beaucoup plus grave que l'on ne pense. Il n'y a rien de plus sérieux que ce qui se passe le matin à sa toilette, au milieu de ses domestiques ; un général d'armée n'emploie pas plus d'attention à placer sa droite ou son corps de réserve, qu'elle en met à poster une mouche qui peut manquer, mais dont elle espère ou prévoit le succès.

Quelle gêne d'esprit, quelle attention, pour concilier sans cesse les intérêts de deux rivaux, pour paroître neutre à tous les deux, pendant qu'elle est livrée à l'un et à l'autre, et se rendre médiatrice sur tous les sujets de plainte qu'elle leur donne!

Quelle occupation pour faire venir parties de plaisir sur parties, les faire succéder et renaître sans cesse, et prévenir tous les accidents qui pourroient les rompre!

Avec tout cela, la plus grande peine n'est pas de se divertir ; c'est de le paroître : ennuyez-les tant que vous voudrez, elles vous le pardonneront, pourvu que l'on puisse croire qu'elles se sont bien réjouies.

Je fus, il y a quelques jours, d'un souper que des femmes firent à la campagne. Dans le chemin elles disoient sans cesse : Au moins, il faudra bien rire et bien nous divertir.

Nous nous trouvâmes assez mal assortis, et par conséquent assez sérieux. Il faut avouer, dit une de ces femmes, que nous nous divertissons bien : il n'y a pas aujourd'hui dans Paris une partie aussi gaie que la nôtre. Comme l'ennui me gagnoit, une femme me secoua, et me dit : Eh bien ! ne sommes-nous pas de bonne humeur ? Oui, lui répondis-je en bâillant; je crois que je crèverai à force de rire. Cependant la tristesse triomphoit toujours des réflexions ; et, quant à moi, je me sentis conduit de bâillement en bâillement dans un sommeil léthargique, qui finit tous mes plaisirs.

De Paris, le 11 de la lune de Maharram, 1718.

LETTRE CXII.

USBEK A ***.

Le règne du feu roi a été si long, que la fin en avoit fait oublier le commencement. C'est aujourd'hui la mode de ne s'occuper que des événements arrivés dans sa minorité; et on ne lit plus que les mémoires de ces temps-là.

Voici le discours qu'un des généraux de la ville de Paris prononça dans un conseil de guerre : et j'avoue que je n'y comprends pas grand'chose.

« Messieurs, quoique nos troupes aient été repoussées avec perte, je crois qu'il nous sera facile de réparer cet échec. J'ai six couplets de chanson tout prêts à mettre au jour, qui, je m'assure, remettront toutes choses dans l'équilibre. J'ai fait choix de quelques voix très-nettes, qui, sortant de la cavité de certaines poitrines très-fortes, émouvront merveilleusement le peuple. Ils sont sur un air qui a fait, jusqu'à présent, un effet tout particulier.

« Si cela ne suffit pas, nous ferons paroître une estampe qui fera voir Mazarin pendu.

« Par bonheur pour nous, il ne parle pas bien françois ; et il l'écorche tellement, qu'il n'est pas possible que ses affaires ne déclinent. Nous ne manquons pas de faire bien remarquer au peuple le ton ridicule dont il prononce. Nous relevâmes, il y a quelques jours, une faute de grammaire si grossière, qu'on en fit des farces par tous les carrefours.

« J'espère qu'avant qu'il soit huit jours, le peuple fera du nom de Mazarin un mot générique pour exprimer toutes les bêtes de somme, et celles qui servent à tirer.

« Depuis notre défaite, notre musique l'a si furieusement vexé sur le péché originel, que, pour ne pas voir ses partisans réduits à la moitié, il a été obligé de renvoyer tous ses pages.

« Ranimez-vous donc ; reprenez courage, et

* (Note de l'auteur, extraite de l'*édition* 1721 2ᵉ, Cologne, Pierre Marteau.)

Le cardinal Mazarin, voulant prononcer l'*arrêt d'Union*, dit devant les députés du parlement : l'*Arrêt d'Ognon*, de quoi le peuple fit force plaisanteries.

« soyez sûrs que nous lui ferons repasser les
« monts à coups de sifflets. »

De Paris, le 4 de la lune de Chahban, 1718.

LETTRE CXIII.

RHÉDI A USBEK.

A Paris.

Pendant le séjour que je fais en Europe, je lis les historiens anciens et modernes : je compare tous les temps ; j'ai du plaisir à les voir passer, pour ainsi dire, devant moi ; et j'arrête surtout mon esprit à ces grands changements qui ont rendu les âges si différents des âges, et la terre si peu semblable à elle-même.

Tu n'as peut-être pas fait attention à une chose qui cause tous les jours ma surprise. Comment le monde est-il si peu peuplé, en comparaison de ce qu'il étoit autrefois ? Comment la nature a-t-elle pu perdre cette prodigieuse fécondité des premiers temps ? seroit-elle déjà dans sa vieillesse, et tomberoit-elle de langueur ?

J'ai resté plus d'un an en Italie, où je n'ai vu que le débris de cette ancienne Italie si fameuse autrefois. Quoique tout le monde habite les villes, elles sont entièrement désertes et dépeuplées : il semble qu'elles ne subsistent encore, que pour marquer le lieu où étoient ces cités puissantes dont l'histoire a tant parlé.

Il y a des gens qui prétendent que la seule ville de Rome contenoit autrefois plus de peuple que le plus grand royaume de l'Europe n'en a aujourd'hui. Il y a eu tel citoyen romain, qui avoit dix, et même vingt mille esclaves, sans compter ceux qui travailloient dans les maisons de campagne ; et, comme on y comptoit quatre ou cinq cent mille citoyens, on ne peut fixer le nombre de ses habitants sans que l'imagination ne se révolte.

Il y avoit autrefois dans la Sicile de puissants royaumes, et des peuples nombreux, qui en ont disparu depuis : cette île n'a plus rien de considérable que ses volcans.

La Grèce est si déserte, qu'elle ne contient pas la centième partie de ses anciens habitants.

L'Espagne, autrefois si remplie, ne fait voir aujourd'hui que des campagnes inhabitées ; et la France n'est rien, en comparaison de cette ancienne Gaule dont parle César.

Les pays du Nord sont fort dégarnis ; et il s'en faut bien que les peuples y soient, comme autrefois, obligés de se partager, et d'envoyer dehors, comme des essaims, des colonies et des nations entières chercher de nouvelles demeures.

La Pologne et la Turquie en Europe n'ont presque plus de peuples.

On ne sauroit trouver dans l'Amérique la deux-centième partie des hommes qui y formoient de si grands empires.

L'Asie n'est guères en meilleur état. Cette Asie mineure, qui contenoit tant de puissantes monarchies, et un nombre si prodigieux de grandes villes, n'en a plus que deux ou trois. Quant à la grande Asie, celle qui est soumise au Turc n'est pas plus pleine ; et pour celle qui est sous la

domination de nos rois, si on la compare à l'état
florissant où elle étoit autrefois, on verra qu'elle
n'a qu'une très-petite partie des habitants qui y
étoient sans nombre du temps des Xerxès et des
Darius.

Quant aux petits États qui sont autour de ces
grands empires, ils sont réellement déserts : tels
sont les royaumes d'Irimette, de Circassie et de
Guriel. Tous ces princes, avec de vastes États,
comptent à peine cinquante mille sujets.

L'Égypte n'a pas moins manqué que les autres
pays.

Enfin je parcours la terre, et je n'y trouve que
délabrement : je crois la voir sortir des ravages de
la peste et de la famine.

L'Afrique a toujours été si inconnue, qu'on ne
peut en parler si précisément que des autres par-
ties du monde : mais, à ne faire attention qu'aux
côtes de la Méditerranée connues de tout temps,
on voit qu'elle a extrêmement déchu de ce qu'elle
étoit, lorsqu'elle étoit province romaine. Aujour-
d'hui ses princes sont si foibles, que ce sont les
plus petites puissances du monde.

Après un calcul aussi exact qu'il peut l'être
dans ces sortes de choses, j'ai trouvé qu'il y a à
peine sur la terre la cinquantième partie des hom-
mes qui y étoient du temps de César. Ce qu'il y
a d'étonnant, c'est qu'elle se dépeuple tous les
jours ; et si cela continue, dans dix siècles, elle ne
sera qu'un désert.

Voilà, mon cher Usbek, la plus terrible catas-
trophe qui soit jamais arrivée dans le monde ; mais
à peine s'en est-on aperçu, parce qu'elle est arrivée
insensiblement, et dans le cours d'un grand nom-
bre de siècles ; ce qui marque un vice intérieur,

un venin secret et caché, une maladie de langueur, qui afflige la nature humaine.

De Venise, le 10 de la lune de Rhégeb, 1718.

LETTRE CXIV.

USBEK A RHÉDI.

A Venise.

Le monde, mon cher Rhédi, n'est point incorruptible ; les cieux mêmes ne le sont pas : les astronomes sont des témoins oculaires de tous leurs changements, qui sont les effets bien naturels du mouvement universel de la matière.

La terre est soumise, comme les autres planètes, aux mêmes lois des mouvements; elle souffre au dedans d'elle un combat perpétuel de ses principes : la mer et le continent semblent être dans une guerre éternelle; chaque instant produit de nouvelles combinaisons.

Les hommes, dans une demeure si sujette aux changements, sont dans un état aussi incertain : cent mille causes peuvent agir, dont la plus petite peut les détruire, et à plus forte raison augmenter ou diminuer leur nombre.

Je ne te parlerai pas de ces catastrophes particulières, si communes chez les historiens, qui ont détruit des villes et des royaumes entiers : il y en a de générales, qui ont mis bien des fois le genre humain à deux doigts de sa perte.

Les histoires sont pleines de ces pestes universelles, qui ont tour à tour désolé l'univers. Elles parlent d'une, entr'autres, qui fut si violente qu'elle brûla jusqu'à la racine des plantes, et se fit sentir dans tout le monde connu, jusqu'à l'empire du Catay : un degré de plus de corruption auroit peut-être, dans un seul jour, détruit toute la nature humaine.

Il n'y a pas deux siècles que la plus honteuse de toutes les maladies se fit sentir en Europe, en Asie et en Afrique ; elle fit dans très-peu de temps des effets prodigieux : c'étoit fait des hommes, si elle avoit continué ses progrès avec la même furie. Accablés de maux dès leur naissance, incapables de soutenir le poids des charges de la société, ils auroient péri misérablement.

Qu'auroit-ce été si le venin eût été un peu plus exalté ? et il le seroit devenu sans doute, si l'on n'avoit été assez heureux pour trouver un remède aussi puissant que celui qu'on a découvert. Peut-être que cette maladie, attaquant les parties de la génération, auroit attaqué la génération même.

Mais pourquoi parler de la destruction qui auroit pu arriver au genre humain? n'est-elle pas arrivée en effet, et le déluge ne le réduisit-il pas à une seule famille ?

Ceux qui connoissent la nature, et qui ont de Dieu une idée raisonnable, peuvent-ils comprendre que la matière et les choses créées n'aient que six mille ans ? que Dieu ait différé pendant toute l'éternité ses ouvrages, et n'ait usé que d'hier de sa puissance créatrice ? Seroit-ce parce qu'il ne l'auroit pas pu, ou parce qu'il ne l'auroit pas voulu ? Mais s'il ne l'a pas pu dans un temps,

il ne l'a pas pu dans l'autre. C'est donc parce qu'il ne l'a pas voulu. Mais, comme il n'y a pas de succession dans Dieu, si l'on admet qu'il ait voulu quelque chose une fois, il l'a voulu toujours, et dès le commencement.

Il ne faut donc pas compter les années du monde ; le nombre des grains de sable de la mer ne leur est pas plus comparable qu'un instant.

Cependant tous les historiens nous parlent d'un premier père : ils nous font voir la nature humaine naissante. N'est-il pas naturel de penser qu'Adam fut sauvé d'un malheur commun, comme Noé le fut du déluge ; et que ces grands événements ont été fréquents sur la terre, depuis la création du monde ?

Mais toutes les destructions ne sont pas violentes. Nous voyons plusieurs parties de la terre se lasser de fournir à la subsistance des hommes : que savons-nous si la terre entière n'a pas des causes générales, lentes, et imperceptibles, de lassitude ?

J'ai été bien aise de te donner ces idées générales, avant de répondre plus particulièrement à ta lettre sur la diminution des peuples, arrivée depuis dix-sept à dix-huit siècles. Je te ferai voir dans une lettre suivante, qu'indépendamment des causes physiques, il y en a de morales qui ont produit cet effet.

De Paris, le 8 de la lune de Chahban, 1718.

LETTRE CXV.

USBEK AU MÊME.

Tu cherches la raison pourquoi la terre est moins peuplée qu'elle ne l'étoit autrefois : et si tu y fais bien attention, tu verras que la grande différence vient de celle qui est arrivée dans les mœurs.

Depuis que la religion chrétienne et la mahométane ont partagé le monde romain, les choses sont bien changées : il s'en faut bien que ces deux religions soient aussi favorables à la propagation de l'espèce que celle de ces maîtres de l'univers.

Dans cette dernière, la polygamie étoit défendue : et en cela elle avoit un très-grand avantage sur la religion mahométane; le divorce y étoit permis : ce qui lui en donnoit un autre, non moins considérable, sur la chrétienne.

Je ne trouve rien de si contradictoire que cette pluralité des femmes permise par le saint Alcoran, et l'ordre de les satisfaire ordonné par le même livre. Voyez vos femmes, dit le prophète, parce que vous leur êtes nécessaire comme leurs vêtements, et qu'elles vous sont nécessaires comme vos vêtements. Voilà un précepte qui rend la vie d'un véritable musulman bien laborieuse. Celui qui a les quatre femmes établies par la loi, et seulement autant de concubines et d'esclaves, ne doit-il pas être accablé de tant de vêtements?

Vos femmes sont vos labourages, dit encore le prophète; approchez-vous donc de vos labourages :

faites du bien pour vos âmes; et vous le trouverez un jour.

Je regarde un bon musulman comme un athlète, destiné à combattre sans relâche; mais qui bientôt, foible et accablé de ses premières fatigues, languit dans le champ même de la victoire; et se trouve, pour ainsi dire, enseveli sous ses propres triomphes.

La nature agit toujours avec lenteur, et pour ainsi dire avec épargne : ses opérations ne sont jamais violentes ; jusque dans ses productions elle veut de la tempérance ; elle ne va jamais qu'avec règle et mesure ; si on la précipite, elle tombe bientôt dans la langueur : elle emploie toute la force qui lui reste à se conserver, perdant absolument sa vertu productrice et sa puissance générative.

C'est dans cet état de défaillance que nous met toujours ce grand nombre de femmes, plus propres à nous épuiser qu'à nous satisfaire. Il est très-ordinaire parmi nous de voir un homme dans un sérail prodigieux avec un très-petit nombre d'enfants : ces enfants mêmes sont la plupart du temps foibles et malsains, et se sentent de la langueur de leur père.

Ce n'est pas tout : ces femmes, obligées à une continence forcée, ont besoin d'avoir des gens pour les garder, qui ne peuvent être que des eunuques : la religion, la jalousie, et la raison même, ne permettent pas d'en laisser approcher d'autres ; ces gardiens doivent être en grand nombre, soit afin de maintenir la tranquillité au dedans parmi les guerres que ces femmes se font sans cesse, soit enfin pour empêcher les entreprises du dehors. Ainsi un homme qui a dix femmes ou

concubines n'a pas trop d'autant d'eunuques pour les garder. Mais quelle perte pour la société que ce grand nombre d'hommes morts dès leur naissance! quelle dépopulation ne doit-il pas s'ensuivre!

Les filles esclaves qui sont dans le sérail pour servir avec les eunuques ce grand nombre de femmes, y vieillissent presque toujours dans une affligeante virginité : elles ne peuvent pas se marier pendant qu'elles y restent; et leurs maîtresses, une fois accoutumées à elles, ne s'en défont presque jamais.

Voilà comme un seul homme occupe lui seul tant de sujets de l'un et l'autre sexe à ses plaisirs, les fait mourir pour l'État, et les rend inutiles à la propagation de l'espèce.

Constantinople et Ispahan sont les capitales des deux plus grands empires du monde : c'est là que tout doit aboutir, et que les peuples, attirés de mille manières, se rendent de toutes parts. Cependant elles périssent d'elles-mêmes, et elles seroient bientôt détruites, si les souverains n'y faisoient venir, presque à chaque siècle, des nations entières pour les repeupler. J'épuiserai ce sujet dans une autre lettre.

De Paris, le 13 de la lune de Chahban, 1718.

LETTRE CXVI.

USBEK AU MÊME.

Les Romains n'avoient pas moins d'esclaves que nous ; ils en avoient même plus : mais ils en faisoient un meilleur usage.

Bien loin d'empêcher, par des voies forcées, la multiplication de ces esclaves, ils la favorisoient au contraire de tout leur pouvoir ; ils les associoient le plus qu'ils pouvoient par des espèces de mariages : par ce moyen, ils remplissoient leurs maisons de domestiques de tous les sexes, de tous les âges, et l'État d'un peuple innombrable.

Ces enfants, qui faisoient à la longue la richesse d'un maître, naissoient sans nombre autour de lui : il étoit seul chargé de leur nourriture et de leur éducation ; les pères, libres de ce fardeau, suivoient uniquement le penchant de la nature, et multiplioient sans craindre une trop nombreuse famille.

Je t'ai dit que, parmi nous, tous les esclaves sont occupés à garder nos femmes, et à rien de plus ; qu'ils sont, à l'égard de l'État, dans une perpétuelle léthargie : de manière qu'il faut restreindre à quelques hommes libres, à quelques chefs de familles, la culture des arts et des terres, lesquels même s'y donnent le moins qu'ils peuvent.

Il n'en étoit pas de même chez les Romains : la république se servoit avec un avantage infini de ce peuple d'esclaves. Chacun d'eux avoit son

pécule, qu'il possédoit aux conditions que son maître lui imposoit; avec ce pécule il travailloit et se tournoit du côté où le portoit son industrie. Celui-ci faisoit la banque ; celui-là se donnoit au commerce de la mer ; l'un vendoit des marchandises en détail ; l'autre s'appliquoit à quelque art mécanique, ou bien affermoit et faisoit valoir des terres : mais il n'y en avoit aucun qui ne s'attachât de tout son pouvoir à faire profiter ce pécule, qui lui procuroit en même temps l'aisance dans la servitude présente, et l'espérance d'une liberté future : cela faisoit un peuple laborieux, animoit les arts et l'industrie.

Ces esclaves, devenus riches par leurs soins et leur travail, se faisoient affranchir, et devenoient citoyens. La république se réparoit sans cesse, et recevoit dans son sein de nouvelles familles, à mesure que les anciennes se détruisoient.

J'aurai peut-être, dans mes lettres suivantes, occasion de te prouver que plus il y a d'hommes dans un État, plus le commerce y fleurit ; je prouverai aussi facilement que plus le commerce y fleurit, plus le nombre des hommes y augmente : ces deux choses s'entr'aident, et se favorisent nécessairement.

Si cela est, combien ce nombre prodigieux d'esclaves, toujours laborieux, devoit-il s'accroître et s'augmenter ! L'industrie et l'abondance les faisoient naître ; et eux, de leur côté, faisoient naître l'abondance et l'industrie.

De Paris, le 16 de la lune de Chahban, 1718.

LETTRE CXVII.

USBEK AU MÊME.

Nous avons jusqu'ici parlé des pays mahométans, et cherché la raison pourquoi ils étoient moins peuplés que ceux qui étoient soumis à la domination des Romains : examinons à présent ce qui a produit cet effet chez les chrétiens.

Le divorce étoit permis dans la religion païenne, et il fut défendu aux chrétiens. Ce changement, qui parut d'abord de si petite conséquence, eut insensiblement des suites terribles, et telles qu'on peut à peine les croire.

On ôta non-seulement toute la douceur du mariage, mais aussi l'on donna atteinte à sa fin : en voulant resserrer ses nœuds, on les relâcha ; et au lieu d'unir les cœurs, comme on le prétendoit, on les sépara pour jamais.

Dans une action si libre, et où le cœur doit avoir tant de part, on mit la gêne, la nécessité, et la fatalité du destin même. On compta pour rien les dégoûts, les caprices, et l'insociabilité des humeurs ; on voulut fixer le cœur, c'est-à-dire ce qu'il y a de plus variable et de plus inconstant dans la nature : on attacha sans retour et sans espérance des gens accablés l'un de l'autre, et presque toujours mal assortis ; et l'on fit comme ces tyrans qui faisoient lier des hommes vivants à des corps morts.

Rien ne contribuoit plus à l'attachement mutuel que la faculté du divorce : un mari et une

femme étoient portés à soutenir patiemment les peines domestiques, sachant qu'ils étoient maîtres de les faire finir : et ils gardoient souvent ce pouvoir en main toute leur vie sans en user, par cette seule considération qu'ils étoient libres de le faire.

Il n'en est pas de même des chrétiens, que leurs peines présentes désespèrent pour l'avenir : ils ne voient, dans les désagréments du mariage, que leur durée et, pour ainsi dire, leur éternité : de là viennent les dégoûts, les discordes, les mépris ; et c'est autant de perdu pour la postérité. A peine a-t-on trois ans de mariage, qu'on en néglige l'essentiel ; on passe ensemble trente ans de froideur : il se forme des séparations intestines aussi fortes, et peut-être plus pernicieuses, que si elles étoient publiques : chacun vit et reste de son côté, et tout cela au préjudice des races futures. Bientôt un homme dégoûté d'une femme éternelle, se livrera aux filles de joie : commerce honteux et si contraire à la société ; lequel, sans remplir l'objet du mariage, n'en représente tout au plus que les plaisirs.

Si, de deux personnes ainsi liées, il y en a une qui n'est pas propre au dessein de la nature et à la propagation de l'espèce, soit par son tempérament, soit par son âge, elle ensevelit l'autre avec elle, et la rend aussi inutile qu'elle l'est elle-même.

Il ne faut donc pas s'étonner si l'on voit chez les chrétiens tant de mariages fournir un si petit nombre de citoyens. Le divorce est aboli : les mariages mal assortis ne se raccommodent plus ; les femmes ne passent plus, comme chez les Romains, successivement dans les mains de plusieurs

maris, qui en tiroient, dans le chemin, le meilleur parti qu'il étoit possible.

J'ose le dire : si, dans une république comme Lacédémone, où les citoyens étoient sans cesse gênés par des lois singulières et subtiles, et dans laquelle il n'y avoit qu'une famille, qui étoit la république, il avoit été établi que les maris changeassent de femme tous les ans, il en seroit né un peuple innombrable.

Il est assez difficile de faire bien comprendre la raison qui a porté les chrétiens à abolir le divorce. Le mariage, chez toutes les nations du monde, est un contrat susceptible de toutes les conventions, et on n'en a dû bannir que celles qui auroient pu en affoiblir l'objet ; mais les chrétiens ne le regardent pas dans ce point de vue : aussi ont-ils bien de la peine à dire ce que c'est. Ils ne le font pas consister dans le plaisir des sens ; au contraire, comme je te l'ai déjà dit, il semble qu'ils veulent l'en bannir autant qu'ils le peuvent : mais c'est une image, une figure, et quelque chose de mystérieux, que je ne comprends point.

De Paris, le 19 de la lune de Chahban, 1718.

LETTRE CXVIII.

USBEK AU MÊME.

La prohibition du divorce n'est pas la seule cause de la dépopulation des pays chrétiens : le grand nombre d'eunuques qu'ils ont parmi eux n'en est pas une moins considérable.

Je parle des prêtres et des dervis de l'un et de l'autre sexe, qui se vouent à une continence éternelle : c'est chez les chrétiens la vertu par excellence ; en quoi je ne les comprends pas, ne sachant ce que c'est qu'une vertu dont il ne résulte rien.

Je trouve que leurs docteurs se contredisent manifestement quand ils disent que le mariage est saint, et que le célibat, qui lui est opposé, l'est encore davantage, sans compter qu'en fait de préceptes et de dogmes fondamentaux, le bien est toujours le mieux.

Le nombre de ces gens faisant profession de célibat est prodigieux. Les pères y condamnoient autrefois les enfants dès le berceau ; aujourd'hui ils s'y vouent eux-mêmes dès l'âge de quatorze ans : ce qui revient à peu près à la même chose.

Ce métier de continence a anéanti plus d'hommes que les pestes et les guerres les plus sanglantes n'ont jamais fait. On voit dans chaque maison religieuse une famille éternelle, où il ne naît personne, et qui s'entretient aux dépens de toutes les autres. Ces maisons sont toujours ouvertes, comme autant de gouffres où s'ensevelissent les races futures.

Cette politique est bien différente de celle des Romains, qui établissoient des lois pénales contre ceux qui se refusoient aux lois du mariage, et vouloient jouir d'une liberté si contraire à l'utilité publique.

Je ne te parle ici que des pays catholiques. Dans la religion protestante, tout le monde est en droit de faire des enfants : elle ne souffre ni prêtres ni dervis ; et si, dans l'établissement de cette religion qui ramenoit tout aux premiers temps,

ses fondateurs n'avoient été accusés sans cesse d'intempérance, il ne faut pas douter qu'après avoir rendu la pratique du mariage universelle, ils n'en eussent encore adouci le joug, et achevé d'ôter toute la barrière qui sépare, en ce point, le Nazaréen et Mahomet.

Mais, quoi qu'il en soit, il est certain que la religion donne aux protestants un avantage infini sur les catholiques.

J'ose le dire : dans l'état présent où est l'Europe, il n'est pas possible que la religion catholique y subsiste cinq cents ans.

Avant l'abaissement de la puissance d'Espagne, les catholiques étoient beaucoup plus forts que les protestants. Ces derniers sont peu à peu parvenus à un équilibre, et aujourd'hui la balance commence à l'emporter de leur côté. Cette supériorité augmentera tous les jours : les protestants deviendront plus riches et plus puissants, et les catholiques plus foibles.

Les pays protestants doivent être, et sont réellement, plus peuplés que les catholiques : d'où il suit, premièrement, que les tributs y sont plus considérables, parce qu'ils augmentent à proportion de ceux qui les payent; secondement, que les terres y sont mieux cultivées ; enfin que le commerce y fleurit davantage, parce qu'il y a plus de gens qui ont une fortune à faire, et qu'avec plus de besoins on y a plus de ressources pour les remplir. Quand il n'y a que le nombre de gens suffisants pour la culture des terres, il faut que le commerce périsse ; et lorsqu'il n'y a que celui qui est nécessaire pour entretenir le commerce, il faut que la culture des terres manque, c'est-à-dire il faut que tous les deux tombent en même temps,

parce que l'on ne s'attache jamais à l'un, que ce ne soit aux dépens de l'autre.

Quant aux pays catholiques, non seulement la culture des terres y est abandonnée, mais même l'industrie y est pernicieuse ; elle ne consiste qu'à apprendre cinq ou six mots d'une langue morte. Dès qu'un homme a cette provision par devers lui, il ne doit plus s'embarrasser de sa fortune : il trouve dans le cloître une vie tranquille, qui dans le monde lui auroit coûté des sueurs et des peines.

Ce n'est pas tout : les dervis ont en leurs mains presque toutes les richesses de l'État ; c'est une société de gens avares, qui prennent toujours, et ne rendent jamais : ils accumulent sans cesse des revenus pour acquérir des capitaux. Tant de richesses tombent, pour ainsi dire, en paralysie ; plus de circulation, plus de commerce, plus d'arts, plus de manufactures.

Il n'y a point de prince protestant qui ne lève sur ses peuples dix fois plus d'impôts que le pape n'en lève sur ses sujets ; cependant ces derniers sont misérables, pendant que les autres vivent dans l'opulence. Le commerce ranime tout chez les uns, et le monachisme porte la mort partout chez les autres.

De Paris, le 26 de la lune de Chahban, 1718.

LETTRE CXIX.

USBEK AU MÊME.

Nous n'avons plus rien à dire de l'Asie et de l'Europe; passons à l'Afrique. On ne peut guère parler que de ses côtes, parce qu'on n'en connoît pas l'intérieur.

Celles de Barbarie, où la religion mahométane est établie, ne sont plus si peuplées qu'elles étoient du temps des Romains, par les raisons que nous avons déjà dites. Quant aux côtes de la Guinée, elles doivent être furieusement dégarnies depuis deux cents ans que les petits rois, ou chefs de villages, vendent leurs sujets aux princes d'Europe, pour les porter dans leurs colonies en Amérique.

Ce qu'il y a de singulier, c'est que cette Amérique, qui reçoit tous les ans tant de nouveaux habitants, est elle-même déserte, et ne profite point des pertes continuelles de l'Afrique. Ces esclaves, qu'on transporte dans un autre climat, y périssent par milliers; et les travaux des mines, où l'on occupe sans cesse et les naturels du pays et les étrangers, les exhalaisons malignes qui en sortent, le vif-argent dont il faut faire un continuel usage, les détruisent sans ressource.

Il n'y a rien de si extravagant que de faire périr un nombre innombrable d'hommes pour tirer du fond de la terre l'or et l'argent, ces métaux d'eux-mêmes absolument inutiles, et qui ne sont des

richesses que parce qu'on les a choisis pour en être les signes.

De Paris, le dernier de la lune de Chahban, 1718.

LETTRE CXX.

USBEK AU MÊME.

La fécondité d'un peuple dépend quelquefois des plus petites circonstances du monde : de manière qu'il ne faut souvent qu'un nouveau tour dans son imagination pour le rendre beaucoup plus nombreux qu'il n'étoit.

Les Juifs, toujours exterminés et toujours renaissants, ont réparé leurs pertes et leurs destructions continuelles, par cette seule espérance qu'ont parmi eux toutes les familles, d'y voir naître un roi puissant qui sera le maître de la terre.

Les anciens rois de Perse n'avoient tant de milliers de sujets qu'à cause de ce dogme de la religion des mages, que les actes les plus agréables à Dieu que les hommes puissent faire, c'étoit de faire un enfant, labourer un champ, et planter un arbre.

Si la Chine a dans son sein un peuple si prodigieux, cela ne vient que d'une certaine manière de penser : car, comme les enfants regardent leurs pères comme des dieux, qu'ils les respectent comme tels dès cette vie, qu'ils les honorent après leur mort par des sacrifices dans lesquels ils

croient que leurs âmes, anéanties dans le Tyen, reprennent une nouvelle vie, chacun est porté à augmenter une famille si soumise dans cette vie, et si nécessaire dans l'autre.

D'un autre côté, les pays des mahométans deviennent tous les jours déserts, à cause d'une opinion qui, toute sainte qu'elle est, ne laisse pas d'avoir des effets très-pernicieux lorsqu'elle est enracinée dans les esprits. Nous nous regardons comme des voyageurs qui ne doivent penser qu'à une autre patrie ; les travaux utiles et durables, les soins pour assurer la fortune de nos enfants, les projets qui tendent au delà d'une vie courte et passagère, nous paroissent quelque chose d'extravagant. Tranquilles pour le présent, sans inquiétude pour l'avenir, nous ne prenons la peine ni de réparer les édifices publics, ni de défricher les terres incultes, ni de cultiver celles qui sont en état de recevoir nos soins : nous vivons dans une insensibilité générale, et nous laissons tout faire à la providence.

C'est un esprit de vanité qui a établi chez les Européens l'injuste droit d'aînesse, si défavorable à la propagation, en ce qu'il porte l'attention d'un père sur un seul de ses enfants, et détourne ses yeux de tous les autres ; en ce qu'il l'oblige, pour rendre solide la fortune d'un seul, de s'opposer à l'établissement de plusieurs ; enfin en ce qu'il détruit l'égalité des citoyens, qui en fait toute l'opulence.

De Paris, le 4 de la lune de Rhamazan, 1718.

LETTRE CXXI.

USBEK AU MÊME.

Les pays habités par les sauvages sont ordinairement peu peuplés, par l'éloignement qu'ils ont presque tous pour le travail et la culture de la terre. Cette malheureuse aversion est si forte que, lorsqu'ils font quelque imprécation contre quelqu'un de leurs ennemis, ils ne lui souhaitent autre chose que d'être réduit à labourer un champ, croyant qu'il n'y a que la chasse et la pêche qui soit un exercice noble et digne d'eux.

Mais, comme il y a souvent des années où la chasse et la pêche rendent très-peu, ils sont désolés par des famines fréquentes; sans compter qu'il n'y a pas de pays si abondant en gibier et en poisson qui puisse donner la subsistance à un grand peuple, parce que les animaux fuient toujours les endroits trop habités.

D'ailleurs, les bourgades de sauvages, au nombre de deux ou trois cents habitants, isolées les unes des autres, ayant des intérêts aussi séparés que ceux de deux empires, ne peuvent pas se soutenir, parce qu'elles n'ont pas la ressource des grands États, dont toutes les parties se répondent et se secourent mutuellement.

Il y a chez les sauvages une autre coutume qui n'est pas moins pernicieuse que la première : c'est la cruelle habitude où sont les femmes de se faire avorter, afin que leur grossesse ne les rende pas désagréables à leurs maris.

Il y a ici des lois terribles contre ce désordre ; elles vont jusqu'à la fureur. Toute fille qui n'a point été déclarer sa grossesse au magistrat est punie de mort si son fruit périt : la pudeur et la honte, les accidents même, ne l'excusent jamais.

De Paris, le 9 de la lune de Rhamazan, 1718.

LETTRE CXXII.

USBEK AU MÊME.

L'effet ordinaire des colonies est d'affoiblir les pays d'où on les tire, sans peupler ceux où on les envoie.

Il faut que les hommes restent où ils sont : il y a des maladies qui viennent de ce qu'on change un bon air contre un mauvais ; d'autres qui viennent précisément de ce qu'on en change.

L'air se charge, comme les plantes, des particules de la terre de chaque pays. Il agit tellement sur nous, que notre tempérament en est fixé. Lorsque nous sommes transportés dans un autre pays, nous devenons malades. Les liquides étant accoutumés à une certaine consistance, les solides à une certaine disposition, tous les deux, à un certain degré de mouvement, n'en peuvent plus souffrir d'autres, et ils résistent à un nouveau pli.

Quand un pays est désert, c'est un préjugé de quelque vice particulier de la nature du climat : ainsi, quand on ôte les hommes d'un ciel heureux pour les envoyer dans un tel pays, on fait

précisément le contraire de ce qu'on se propose.

Les Romains savoient cela par expérience ; ils reléguoient tous les criminels en Sardaigne, et ils y faisoient passer des Juifs. Il fallut se consoler de leur perte ; chose que le mépris qu'ils avoient pour ces misérables rendoit très-facile.

Le grand Cha-Abas, voulant ôter aux Turcs, le moyen d'entretenir de grosses armées sur les frontières, transporta presque tous les Arméniens hors de leur pays, et en envoya plus de vingt mille familles dans la province de Guilan, qui périrent presque toutes en très-peu de temps.

Tous les transports de peuples faits à Constantinople n'ont jamais réussi.

Ce nombre prodigieux de nègres dont nous avons parlé n'a point rempli l'Amérique.

Depuis la destruction des Juifs sous Adrien, la Palestine est sans habitants.

Il faut donc avouer que les grandes destructions sont presque irréparables, parce qu'un peuple qui manque à un certain point reste dans le même état ; et si, par hasard il se rétablit, il faut des siècles pour cela.

Que si, dans un état de défaillance, la moindre des circonstances dont nous avons parlé vient à concourir, non-seulement il ne se répare pas, mais il dépérit tous les jours, et tend à son anéantissement.

L'expulsion des Maures d'Espagne se fait encore sentir comme le premier jour : bien loin que ce vide se remplisse, il devient tous les jours plus grand.

Depuis la dévastation de l'Amérique, les Espagnols, qui ont pris la place de ses anciens habitants, n'ont pu la repeupler ; au contraire, par

une fatalité que je ferois mieux de nommer une justice divine, les destructeurs se détruisent eux-mêmes, et se consument tous les jours.

Les princes ne doivent donc point songer à peupler de grands pays par des colonies. Je ne dis pas qu'elles ne réussissent quelquefois; il y a des climats si heureux, que l'espèce s'y multiplie toujours : témoin ces îles* qui ont été peuplées par des malades que quelques vaisseaux y avoient abandonnés, et qui y recouvroient aussitôt la santé.

Mais quand ces colonies réussiroient, au lieu d'augmenter la puissance, elles ne feroient que la partager, à moins qu'elles n'eussent très-peu d'étendue, comme sont celles que l'on envoie pour occuper quelque place pour le commerce.

Les Carthaginois avoient, comme les Espagnols, découvert l'Amérique, ou au moins de grandes îles dans lesquelles ils faisoient un commerce prodigieux : mais quand ils virent le nombre de leurs habitants diminuer, cette sage république défendit à ses sujets ce commerce et cette navigation.

J'ose le dire : au lieu de faire passer les Espagnols dans les Indes, il faudroit faire repasser les Indiens et les métifs en Espagne; il faudroit rendre à cette monarchie tous ses peuples dispersés; et, si la moitié seulement de ces grandes colonies se conservoit, l'Espagne deviendroit la puissance de l'Europe la plus redoutable.

On peut comparer les empires à un arbre dont les branches trop étendues ôtent tout le suc du tronc, et ne servent qu'à faire de l'ombrage.

Rien ne devroit corriger les princes de la fureur

* L'auteur parle peut-être de l'île de Bourbon.

des conquêtes lointaines que l'exemple des Portugais et des Espagnols.

Ces deux nations ayant conquis, avec une rapidité inconcevable, des royaumes immenses, plus étonnées de leurs victoires que les peuples vaincus de leur défaite, songèrent aux moyens de les conserver, et prirent chacune pour cela une voie différente.

Les Espagnols, désespérant de retenir les nations vaincues dans la fidélité, prirent le parti de les exterminer, et d'y envoyer d'Espagne des peuples fidèles : jamais dessein horrible ne fut plus ponctuellement exécuté. On vit un peuple, aussi nombreux que tous ceux de l'Europe ensemble, disparoître de la terre à l'arrivée de ces barbares, qui semblèrent, en découvrant les Indes, avoir voulu en même temps découvrir aux hommes quel étoit le dernier période de la cruauté.

Par cette barbarie, ils conservèrent ce pays sous leur domination. Juge par là combien les conquêtes sont funestes, puisque les effets en sont tels : car enfin ce remède affreux étoit unique. Comment auroient-ils pu retenir tant de millions d'hommes dans l'obéissance ? Comment soutenir une guerre civile de si loin ? Que seroient-ils devenus, s'ils avoient donné le temps à ces peuples de revenir de l'admiration où ils étoient de l'arrivée de ces nouveaux dieux et de la crainte de leurs foudres ?

Quant aux Portugais, ils prirent une voie tout opposée ; ils n'employèrent pas les cruautés : aussi furent-ils bientôt chassés de tous les pays qu'ils avoient découverts. Les Hollandois favorisèrent la rébellion de ces peuples, et en profitèrent.

Quel prince envieroit le sort de ces conquérants ? Qui voudroit de ces conquêtes à ces conditions ? Les uns en furent aussitôt chassés ; les autres en firent des déserts, et rendirent de même leur propre pays.

C'est le destin des héros de se ruiner à conquérir des pays qu'ils perdent soudain, ou à soumettre des nations qu'ils sont obligés eux-mêmes de détruire ; comme cet insensé qui se consumoit à acheter des statues qu'il jetoit dans la mer, et des glaces qu'il brisoit aussitôt.

De Paris, le 18 de la lune de Rhamazan, 1718.

LETTRE CXXIII.

USBEK AU MÊME.

La douceur du gouvernement contribue merveilleusement à la propagation de l'espèce. Toutes les républiques en sont une preuve constante ; et, plus que toutes, la Suisse et la Hollande, qui sont les deux plus mauvais pays de l'Europe, si l'on considère la nature du terrain, et qui cependant sont les plus peuplés.

Rien n'attire plus les étrangers que la liberté, et l'opulence qui la suit toujours : l'une se fait rechercher par elle-même, et les besoins attirent dans les pays où l'on trouve l'autre.

L'espèce se multiplie dans un pays où l'abondance fournit aux enfants, sans rien diminuer de la subsistance des pères.

L'égalité même des citoyens, qui produit ordinairement de l'égalité dans les fortunes, porte l'abondance et la vie dans toutes les parties du corps politique, et la répand partout.

Il n'en est pas de même des pays soumis au pouvoir arbitraire : le prince, les courtisans, et quelques particuliers, possèdent toutes les richesses, pendant que tous les autres gémissent dans une pauvreté extrême.

Si un homme est mal à son aise, et qu'il sente qu'il fera des enfants plus pauvres que lui, il ne se mariera pas ; ou s'il se marie, il craindra d'avoir un trop grand nombre d'enfants, qui pourroient achever de déranger sa fortune, et qui descendroient de la condition de leur père.

J'avoue que le rustique ou paysan, étant une fois marié, peuplera indifféremment, soit qu'il soit riche, soit qu'il soit pauvre ; cette considération ne le touche pas : il a toujours un héritage sûr à laisser à ses enfants, qui est son hoyau ; et rien ne l'empêche jamais de suivre aveuglément l'instinct de la nature.

Mais à quoi sert dans un État ce nombre d'enfants qui languissent dans la misère ? Ils périssent presque tous à mesure qu'ils naissent ; ils ne prospèrent jamais : foibles et débiles, ils meurent en détail de mille manières, tandis qu'ils sont emportés en gros par les fréquentes maladies populaires, que la misère et la mauvaise nourriture produisent toujours ; ceux qui en échappent atteignent l'âge viril sans en avoir la force, et languissent tout le reste de leur vie.

Les hommes sont comme les plantes, qui ne croissent jamais heureusement si elles ne sont bien cultivées : chez les peuples misérables,

l'espèce perd, et même quelquefois dégénère.

La France peut fournir un grand exemple de tout ceci. Dans les guerres passées, la crainte où étoient tous les enfants de famille qu'on ne lés enrôlât dans la milice les obligeoit de se marier, et cela dans un âge trop tendre, et dans le sein de la pauvreté. De tant de mariages il naissoit bien des enfants, que l'on cherche encore en France, et que la misère, la famine et les maladies en ont fait disparoître.

Que si, dans un ciel aussi heureux, dans un royaume aussi policé que la France, on fait de pareilles remarques, que sera-ce dans les autres États ?

De Paris, le 23 de la lune de Rhamazan, 1718.

LETTRE CXXIV.

USBEK AU MOLLAK MÉHÉMET ALI,

GARDIEN DES TROIS TOMBEAUX

A Com.

Que nous servent les jeûnes des immaums et les cilices des mollaks ? La main de Dieu s'est deux fois appesantie sur les enfants de la loi, le soleil s'obscurcit, et semble n'éclairer plus que leurs défaites ; leurs armées s'assemblent, et elles sont dissipées comme la poussière.

L'empire des Osmanlins est ébranlé par les deux plus grands échecs qu'il ait jamais reçus :

un moufti chrétien ne le soutient qu'avec peine ; le grand vizir d'Allemagne est le fléau de Dieu, envoyé pour châtier les sectateurs d'Omar ; il porte partout la colère du ciel, irrité contre leur rébellion et leur perfidie.

Esprit sacré des immaums, tu pleures nuit et jour sur les enfants du prophète que le détestable Omar a dévoyés ; tes entrailles s'émeuvent à la vue de leurs malheurs ; tu désires leur conversion, et non pas leur perte ; tu voudrois les voir réunis sous l'étendard d'Ali, par les larmes des saints; et non pas dispersés dans les montagnes et dans les déserts par la terreur des infidèles.

De Paris, le 1er de la lune de Chalval, 1718.

LETTRE CXXV.

USBEK A RHÉDI.

A Venise.

Quel peut être le motif de ces libéralités immenses que les princes versent sur leurs courtisans ? veulent-ils se les attacher ? ils leur sont déjà acquis autant qu'ils peuvent l'être. Et d'ailleurs, s'ils acquièrent quelques-uns de leurs sujets en les achetant, il faut bien, par la même raison, qu'ils en perdent une infinité d'autres en les appauvrissant.

Quand je pense à la situation des princes, toujours entourés d'hommes avides et insatiables, je ne puis que les plaindre : et je les plains encore

davantage lorsqu'ils n'ont pas la force de résister à des demandes toujours onéreuses à ceux qui ne demandent rien.

Je n'entends jamais parler de leurs libéralités, des grâces et des pensions qu'ils accordent, que je ne me livre à mille réflexions : une foule d'idées se présente à mon esprit ; il me semble que j'entends publier cette ordonnance :

« Le courage infatigable de quelques-uns de
« nos sujets à nous demander des pensions ayant
« exercé sans relâche notre magnificence royale,
« nous avons enfin cédé à la multitude des re-
« quêtes qu'ils nous ont présentées, lesquelles
« ont fait jusqu'ici la plus grande sollicitude du
« trône. Ils nous ont représenté qu'ils n'ont point
« manqué, depuis notre avénement à la cou-
« ronne, de se trouver à notre lever ; que nous
« les avons toujours vus sur notre passage immo-
« biles comme des bornes ; et qu'ils se sont ex-
« trêmement élevés pour regarder, sur les épau-
« les les plus hautes, notre sérénité. Nous avons
« même reçu plusieurs requêtes de la part de
« quelques personnes du beau sexe, qui nous ont
« supplié de faire attention qu'il étoit notoire
« qu'elles sont d'un entretien très-difficile ; quel-
« ques-unes même très-surannées nous ont prié,
« branlant la tête, de faire attention qu'elles ont
« fait l'ornement de la cour des rois nos prédé-
« cesseurs ; et que, si les généraux de leurs ar-
« mées ont rendu l'État redoutable par leurs faits
« militaires, elles n'ont point rendu la cour
« moins célèbre par leurs intrigues. Ainsi, dési-
« rant traiter les suppliants avec bonté, et leur
« accorder toutes leurs prières, nous avons or-
« donné ce qui suit :

« Que tout laboureur ayant cinq enfants re-
« tranchera journellement la cinquième partie
« du pain qu'il leur donne. Enjoignons aux pères
« de famille de faire la diminution, sur chacun
« d'eux, aussi juste que faire se pourra.

« Défendons expressément à tous ceux qui
« s'appliquent à la culture de leurs héritages, ou
« qui les ont donnés à titre de ferme, d'y faire
« aucune réparation, de quelque espèce qu'elle
« soit.

« Ordonnons que toutes personnes qui s'exer-
« cent à des travaux vils et mécaniques, lesquelles
« n'ont jamais été au lever de notre majesté, n'a-
« chètent désormais d'habits, à eux, à leurs fem-
« mes et à leurs enfants, que de quatre ans en
« quatre ans ; leur interdisons en outre très-étroi-
« tement ces petites réjouissances qu'ils avoient
« coutume de faire, dans leurs familles, les prin-
« cipales fêtes de l'année.

« Et, d'autant que nous demeurons averti que
« la plupart des bourgeois de nos bonnes villes sont
« entièrement occupés à pourvoir à l'établisse-
« ment de leurs filles, lesquelles ne se sont rendues
« recommandables, dans notre État, que par une
« triste et ennuyeuse modestie, nous ordonnons
« qu'ils attendront à les marier, jusqu'à ce qu'ayant
« atteint l'âge limité par les ordonnances, elles
« viennent à les y contraindre. Défendons à nos
« magistrats de pourvoir à l'éducation de leurs
« enfants. »

De Paris, le 1ᵉʳ de la lune de Chalval, 1718.

LETTRE CXXVI.

RICA A ***.

On est bien embarrassé dans toutes les religions, quand il s'agit de donner une idée des plaisirs qui sont destinés à ceux qui ont bien vécu. On épouvante facilement les méchants par une longue suite de peines, dont on les menace : mais, pour les gens vertueux, on ne sait que leur promettre. Il semble que la nature des plaisirs soit d'être d'une courte durée ; l'imagination a peine à en représenter d'autres.

J'ai vu des descriptions du paradis, capables d'y faire renoncer tous les gens de bon sens : les uns font jouer sans cesse de la flûte ces ombres heureuses ; d'autres les condamnent au supplice de se promener éternellement ; d'autres enfin, qui les font rêver là-haut aux maîtresses d'ici-bas, n'ont pas cru que cent millions d'années fussent un terme assez long pour leur ôter le goût de ces inquiétudes amoureuses.

Je me souviens à ce propos d'une histoire que j'ai ouï raconter à un homme qui avoit été dans le pays du Mogol ; elle fait voir que les prêtres indiens ne sont pas moins stériles que les autres dans les idées qu'ils ont des plaisirs du paradis.

Une femme qui venoit de perdre son mari vint en cérémonie chez le gouverneur de la ville lui demander permission de se brûler : mais, comme, dans les pays soumis aux mahométans, on abolit tant qu'on peut cette cruelle coutume, il la refusa absolument.

Lorsqu'elle vit ses prières impuissantes, elle se jeta dans un furieux emportement. Voyez, disoit-elle, comme on est gêné! Il ne sera seulement pas permis à une pauvre femme de se brûler quand elle en a envie! A-t-on jamais vu rien de pareil? Ma mère, ma tante, mes sœurs, se sont bien brûlées? Et, quand je vais demander permission à ce maudit gouverneur, il se fâche, et se met à crier comme un enragé.

Il se trouva là, par hasard, un jeune bonze : Homme infidèle, lui dit le gouverneur, est-ce toi qui a mis dans l'esprit de cette femme cette fureur? Non, dit-il, je ne lui ai jamais parlé : mais, si elle m'en croit, elle consommera son sacrifice; elle fera une action agréable au dieu Brama : aussi en sera-t-elle bien récompensée; car elle retrouvera dans l'autre monde son mari, et elle recommencera avec lui un second mariage. Que dites-vous? dit la femme surprise. Je retrouverai mon mari? Ah! je ne me brûle pas. Il étoit jaloux, chagrin, et d'ailleurs si vieux, que, si le dieu Brama n'a point fait sur lui quelque réforme, sûrement il n'a pas besoin de moi. Me brûler pour lui!... pas seulement le bout du doigt pour le retirer du fond des enfers. Deux vieux bonzes, qui me séduisoient, et qui savoient de quelle manière je vivois avec lui, n'avoient garde de me tout dire : mais si le Dieu Brama n'a que ce présent à me faire, je renonce à cette béatitude. Monsieur le gouverneur, je me fais mahométane. Et pour vous, dit-elle en regardant le bonze, vous pouvez, si vous voulez, aller dire à mon mari que je me porte fort bien.

De Paris, le 2 de la lune de Chalval, 1718.

LETTRE CXXVII.

RICA A USBEK.

A ***.

Je t'attends ici demain : cependant je t'envoie tes lettres d'Ispahan. Les miennes portent que l'ambassadeur du Grand Mogol a reçu ordre de sortir du royaume. On ajoute qu'on a fait arrêter le prince, oncle du roi, qui est chargé de son éducation ; qu'on l'a fait conduire dans un château, où il est très-étroitement gardé, et qu'on l'a privé de tous ses honneurs. Je suis touché du sort de ce prince, et je le plains.

Je te l'avoue, Usbek, je n'ai jamais vu couler les larmes de personne sans en être attendri : je sens de l'humanité pour les malheureux, comme s'il n'y avoit qu'eux qui fussent hommes; et les grands même, pour lesquels je trouve dans mon cœur de la dureté quand ils sont élevés, je les aime sitôt qu'ils tombent.

En effet, qu'ont-ils à faire, dans la prospérité, d'une inutile tendresse ? elle approche trop de l'égalité : ils aiment bien mieux du respect, qui ne demande point de retour. Mais, sitôt qu'ils sont déchus de leur grandeur, il n'y a que nos plaintes qui puissent leur en rappeler l'idée.

Je trouve quelque chose de bien naïf, et même de bien grand, dans les paroles d'un prince qui, près de tomber entre les mains de ses ennemis, voyant ses courtisans autour de lui qui

pleuroient : Je sens, leur dit-il, à vos larmes que je suis encore votre roi.

De Paris, le 3 de la lune de Chalval, 1718.

LETTRE CXXVIII.

RICA A IBBEN.

A Smyrne.

Tu as ouï parler mille fois du fameux roi de Suède : il assiégeoit une place dans un royaume qu'on nomme la Norwége ; comme il visitoit la tranchée, seul avec un ingénieur, il a reçu un coup dans la tête, dont il est mort. On a fait sur-le-champ arrêter son premier ministre : les états se sont assemblés, et l'ont condamné à perdre la tête.

Il étoit accusé d'un grand crime : c'étoit d'avoir calomnié la nation, et de lui avoir fait perdre la confiance de son roi : forfait qui, selon moi, mérite mille morts.

Car enfin, si c'est une mauvaise action de noircir dans l'esprit du prince le dernier de ses sujets, qu'est-ce, lorsque l'on noircit la nation entière, et qu'on lui ôte la bienveillance de celui que la providence a établi pour faire son bonheur ?

Je voudrois que les hommes parlassent aux rois comme les anges parlent à notre saint prophète.

Tu sais que, dans les banquets sacrés où le seigneur des seigneurs descend du plus sublime trône

du monde pour se communiquer à ses esclaves, je me suis fait une loi sévère de captiver une langue indocile; on ne m'a jamais vu abandonner une seule parole qui pût être amère au dernier de ses sujets. Quand il m'a fallu cesser d'être sobre, je n'ai point cessé d'être honnête homme; et, dans cette épreuve de notre fidélité, j'ai risqué ma vie, et jamais ma vertu.

Je ne sais comment il arrive qu'il n'y a presque jamais de prince si méchant, que son ministre ne le soit encore davantage; s'il fait quelque action mauvaise, elle a presque toujours été suggérée; de manière que l'ambition des princes n'est jamais si dangereuse que la bassesse d'âme de ses conseillers. Mais comprends-tu qu'un homme, qui n'est que d'hier dans le ministère, qui peut-être n'y sera pas demain, puisse devenir dans un moment l'ennemi de lui-même, de sa famille, de sa patrie, et du peuple qui naîtra à jamais de celui qu'il va faire opprimer?

Un prince a des passions; le ministre les remue : c'est de ce côté-là qu'il dirige son ministère; il n'a point d'autre but, ni n'en veut connoître. Les courtisans le séduisent par leurs louanges; et lui le flatte plus dangereusement par ses conseils, par les desseins qu'il lui inspire, et par les maximes qu'il lui propose.

De Paris, le 25 de la lune de Saphar, 1719.

LETTRE CXXIX.

RICA A USBEK

A ***.

Je passois l'autre jour sur le Pont-Neuf avec un de mes amis : il rencontra un homme de sa connoissance, qu'il me dit être un géomètre ; et il n'y avoit rien qui n'y parût, car il étoit d'une rêverie profonde ; il fallut que mon ami le tirât longtemps par la manche, et le secouât pour le faire descendre jusqu'à lui ; tant il étoit occupé d'une courbe qui le tourmentoit peut-être depuis plus de huit jours. Ils se firent tous deux beaucoup d'honnêtetés, et s'apprirent réciproquement quelques nouvelles littéraires. Ces discours les menèrent jusque sur la porte d'un caffé où j'entrai avec eux.

Je remarquai que notre géomètre y fut reçu de tout le monde avec empressement, et que les garçons du caffé en faisoient beaucoup plus de cas que de deux mousquetaires qui étoient dans un coin. Pour lui, il parut qu'il se trouvoit dans un lieu agréable : car il dérida un peu son visage, et se mit à rire comme s'il n'avoit pas eu la moindre teinture de géométrie.

Cependant son esprit régulier toisoit tout ce qui se disoit dans la conversation. Il ressembloit à celui qui, dans un jardin, coupoit avec son épée

la tête des fleurs qui s'élevoient au-dessus des autres : martyr de sa justesse, il étoit offensé d'une saillie, comme une vue délicate est offensée par une lumière trop vive. Rien pour lui n'étoit indifférent, pourvu qu'il fût vrai : aussi sa conversation étoit-elle singulière. Il étoit arrivé ce jour-là de la campagne avec un homme qui avoit vu un château superbe et des jardins magnifiques ; et il n'avoit vu, lui, qu'un bâtiment de soixante pieds de long sur trente-cinq de large, et un bosquet barlong de dix arpents : il auroit fort souhaité que les règles de la perspective eussent été tellement observées, que les allées des avenues eussent paru partout de même largeur ; et il auroit donné pour cela une méthode infaillible. Il parut fort satisfait d'un cadran qu'il y avoit démêlé, d'une structure fort singulière ; et il s'échauffa fort contre un savant qui étoit auprès de moi, qui lui demanda si ce cadran marquoit les heures babyloniennes. Un nouvelliste parla du bombardement du château de Fontarabie ; et il nous donna soudain les propriétés de la ligne que les bombes avoient décrite en l'air ; et, charmé de savoir cela, il voulut en ignorer entièrement le succès. Un homme se plaignoit d'avoir été ruiné l'hiver d'auparavant par une inondation. Ce que vous me dites là m'est fort agréable, dit alors le géomètre : je vois que je ne me suis pas trompé dans l'observation que j'ai faite, et qu'il est au moins tombé sur la terre deux pouces d'eau plus que l'année passée.

Un moment après il sortit, et nous le suivîmes. Comme il alloit assez vite, et qu'il négligeoit de regarder devant lui, il fut rencontré directement par un autre homme : ils se choquèrent rudement ; et de ce coup ils rejaillirent, chacun de son

côté, en raison réciproque de leur vitesse et de leurs masses. Quand ils furent un peu revenus de leur étourdissement, cet homme, portant la main sur le front, dit au géomètre : Je suis bien aise que vous m'ayez heurté ; car j'ai une grande nouvelle à vous apprendre : je viens de donner mon Horace au public. Comment ! dit le géomètre, il y a deux mille ans qu'il y est. Vous ne m'entendez pas, reprit l'autre : c'est une traduction de cet ancien auteur, que je viens de mettre au jour ; il y a vingt ans que je m'occupe à faire des traductions.

Quoi ! monsieur, dit le géomètre, il y a vingt ans que vous ne pensez pas ! Vous parlez pour les autres, et ils pensent pour vous ! Monsieur, dit le savant, croyez-vous que je n'aie pas rendu un grand service au public, de lui rendre la lecture des bons auteurs familière ? Je ne dis pas tout à fait cela : j'estime autant qu'un autre les sublimes génies que vous travestissez ; mais vous ne leur ressemblerez point ; car si vous traduisez toujours, on ne vous traduira jamais.

Les traductions sont comme ces monnoies de cuivre qui ont bien la même valeur qu'une pièce d'or, et même sont d'un plus grand usage pour le peuple ; mais elles sont toujours foibles et d'un mauvais aloi.

Vous voulez, dites-vous, faire renaître parmi nous ces illustres morts ; et j'avoue que vous leur donnez bien un corps : mais vous ne leur rendez pas la vie ; il y manque toujours un esprit pour les animer.

Que ne vous appliquez-vous plutôt à la recherche de tant de belles vérités qu'un calcul facile nous fait découvrir tous les jours ? Après ce petit

conseil, ils se séparèrent, je crois, très-mécontents l'un de l'autre,

De Paris, le dernier de la lune de Rebiab 2, 1719.

LETTRE CXXX.

RICA A ***.

Je te parlerai dans cette lettre d'une certaine nation qu'on appelle les nouvellistes, qui s'assemblent dans un jardin magnifique, où leur oisiveté est toujours occupée. Ils sont très-inutiles à l'État, et leurs discours de cinquante ans n'ont pas un effet différent de celui qu'auroit pu produire un silence aussi long : cependant ils se croient considérables, parce qu'ils s'entretiennent de projets magnifiques, et traitent de grands intérêts.

La base de leurs conversations est une curiosité frivole et ridicule : il n'y a point de cabinet si mystérieux qu'ils ne prétendent pénétrer ; ils ne sauroient consentir à ignorer quelque chose; ils savent combien notre auguste sultan a de femmes, combien il fait d'enfants toutes les années ; et quoiqu'ils ne fassent aucune dépense en espions, ils sont instruits des mesures qu'il prend pour humilier l'empereur des Turcs et celui des Mogols.

A peine ont-ils épuisé le présent, qu'ils se précipitent dans l'avenir ; et, marchant au-devant de la providence, la préviennent sur toutes les

démarches des hommes. Ils conduisent un général par la main ; et, après l'avoir loué de mille sottises qu'il n'a pas faites, ils lui en préparent mille autres qu'il ne fera pas.

Ils font voler les armées comme les grues, et tomber les murailles comme des cartons ; ils ont des ponts sur toutes les rivières, des routes secrètes dans toutes les montagnes, des magasins immenses dans les sables brûlants : il ne leur manque que le bon sens.

Il y a un homme avec qui je loge, qui reçut cette lettre d'un nouvelliste ; comme elle m'a paru singulière, je la gardai ; la voici :

« Monsieur,

« Je me trompe rarement dans mes conjectures
« sur les affaires du temps. Le 1er janvier 1711, je
« prédis que l'empereur Joseph mourroit dans le
« cours de l'année : il est vrai que, comme il se
« portoit fort bien, je crus que je me ferois mo-
« quer de moi si je m'expliquois d'une manière
« bien claire ; ce qui fit que je me servis de ter-
« mes un peu énigmatiques ; mais les gens qui
« savent raisonner m'entendirent bien. Le 17 avril
« de la même année, il mourut de la petite vé-
« role.
« Dès que la guerre fut déclarée entre l'empe-
« reur et les Turcs, j'allai chercher nos messieurs
« dans tous les coins des Tuileries ; je les assem-
« blai près du bassin, et leur prédis qu'on feroit
« le siége de Belgrade, et qu'il seroit pris. J'ai été
« assez heureux pour que ma prédiction ait été
« accomplie. Il est vrai que, vers le milieu du
« siége, je pariai cent pistoles qu'il seroit pris le

« 18 août*; il ne fut pris que le lendemain :
« peut-on perdre à si beau jeu ?

« Lorsque je vis que la flotte d'Espagne débar-
« quoit en Sardaigne, je jugeai qu'elle en feroit la
« conquête : je le dis, et cela se trouva vrai. En-
« flé de ce succès, j'ajoutai que cette flotte victo-
« rieuse iroit débarquer à Final pour faire la con-
« quête du Milanès. Comme je trouvai de la
« résistance à faire recevoir cette idée, je voulus
« la soutenir glorieusement : je pariai cinquante
« pistoles, et je les perdis encore; car ce diable
« d'Alberoni, malgré la foi des traités, envoya sa
« flotte en Sicile, et trompa tout à la fois deux
« grands politiques, le duc de Savoie et moi.

« Tout cela, monsieur, me déroute si fort, que
« j'ai résolu de prédire toujours et de ne parier
« jamais. Autrefois nous ne connoissions point aux
« Tuileries l'usage des paris, et feu M. le comte
« de L. ne les souffroit guère ; mais, depuis
« qu'une troupe de petits-maîtres s'est mêlée
« parmi nous, nous ne savons plus où nous en
« sommes. A peine ouvrons-nous la bouche pour
« dire une nouvelle, qu'un de ces jeunes gens
« propose de parier contre.

« L'autre jour, comme j'ouvrois mon manus-
« crit, et accommodois mes lunettes sur mon nez,
« un de ces fanfarons, saisissant justement l'in-
« tervalle du premier mot au second, me dit : Je
« parie cent pistoles que non. Je fis semblant de
« n'avoir pas fait d'attention à cette extravagance;
« et, reprenant la parole d'une voix plus forte,
« je dis : M. le maréchal de *** ayant appris...
« Cela est faux, me dit-il, vous avez toujours des

* 1717.

« nouvelles extravagantes ; il n'y a pas le sens
« commun à tout cela. Je vous prie, monsieur, de
« me faire le plaisir de me prêter trente pistoles ;
« car je vous avoue que ces paris m'ont fort dé-
« rangé. Je vous envoie la copie de deux lettres
« que j'ai écrites au ministre. Je suis, etc. »

LETTRE D'UN NOUVELLISTE AU MINISTRE.

« Monseigneur,

« Je suis le sujet le plus zélé que le roi ait jamais
« eu : c'est moi qui obligeai un de mes amis d'exé-
« cuter le projet que j'avois formé d'un livre pour
« démontrer que Louis le Grand étoit le plus
« grand de tous les princes qui ont mérité le
« nom de Grand. Je travaille depuis longtemps à
« un autre ouvrage qui fera encore plus d'hon-
« neur à notre nation, si Votre Grandeur veut
« m'accorder un privilége : mon dessein est de
« prouver que, depuis le commencement de la
« monarchie, les François n'ont jamais été bat-
« tus, et que ce que les historiens ont dit jus-
« qu'ici de nos désavantages sont de véritables
« impostures. Je suis obligé de les redresser en
« bien des occasions ; et j'ose me flatter que je
« brille surtout dans la critique. Je suis, mon-
« seigneur, etc. »

« Monseigneur,

« Depuis la perte que nous avons faite de M. le
« comte de L., nous vous supplions d'avoir la
« bonté de nous permettre d'élire un président.
« Le désordre se met dans nos conférences, et

« les affaires d'État n'y sont pas traitées avec la
« même discussion que par le passé; nos jeunes
« gens vivent absolument sans égard pour les an-
« ciens, et entre eux sans discipline : c'est le vé-
« ritable conseil de Roboam, où les jeunes im-
« posent aux vieillards. Nous avons beau leur
« représenter que nous étions paisibles posses-
« seurs des Tuileries vingt ans avant qu'ils fussent
« au monde; je crois qu'ils nous en chasseront à
« la fin, et qu'obligés de quitter ces lieux où
« nous avons tant de fois évoqué les ombres de
« nos héros françois, il faudra que nous allions
« tenir nos conférences au Jardin du Roi ou
« dans quelque lieu plus écarté. Je suis... »

De Paris, le 7 de la lune de Gemmadi 2, 1719.

LETTRE CXXXI.

RHÉDI A RICA.

A Paris.

Une des choses qui a le plus exercé ma curiosité en arrivant en Europe, c'est l'histoire et l'origine des républiques. Tu sais que la plupart des Asiatiques n'ont pas seulement d'idée de cette sorte de gouvernement, et que l'imagination ne les a pas servis jusqu'à leur faire comprendre qu'il puisse y en avoir sur la terre d'autre que le despotique.

Les premiers gouvernements du monde furent monarchiques : ce ne fut que par hasard et par

la succession des siècles que les républiques se formèrent.

La Grèce ayant été abîmée par un déluge, de nouveaux habitants vinrent la peupler : elle tira presque toutes ses colonies d'Égypte et des contrées de l'Asie les plus voisines; et, comme ces pays étoient gouvernés par des rois, les peuples qui en sortirent furent gouvernés de même. Mais la tyrannie de ces princes devenant trop pesante, on secoua le joug; et du débris de tant de royaumes s'élevèrent ces républiques qui firent si fort fleurir la Grèce, seule polie au milieu des barbares.

L'amour de la liberté, la haine des rois, conserva longtemps la Grèce dans l'indépendance, et étendit au loin le gouvernement républicain. Les villes grecques trouvèrent des alliées dans l'Asie mineure : elles y envoyèrent des colonies aussi libres qu'elles, qui leur servirent de remparts contre les entreprises des rois de Perse. Ce n'est pas tout : la Grèce peupla l'Italie; l'Italie, l'Espagne, et peut-être les Gaules. On sait que cette grande Hespérie, si fameuse chez les anciens, étoit au commencement la Grèce, que ses voisins regardoient comme un séjour de félicité : les Grecs qui ne trouvoient point chez eux ce pays heureux, l'allèrent chercher en Italie; ceux de l'Italie, en Espagne; ceux d'Espagne, dans la Bétique ou le Portugal : de manière que toutes ces régions portèrent ce nom chez les anciens. Ces colonies grecques apportèrent avec elles un esprit de liberté qu'elles avoient pris dans ce doux pays. Ainsi, on ne voit guère, dans ces temps reculés, de monarchies dans l'Italie, l'Espagne, les Gaules. On verra bientôt que les peuples du Nord et d'Allemagne n'étoient pas moins libres : et, si

l'on trouve des vestiges de quelque royauté parmi eux, c'est qu'on a pris pour des rois les chefs des armées ou des républiques.

Tout ceci se passoit en Europe : car, pour l'Asie et l'Afrique, elles ont toujours été accablées sous le despotisme, si vous en exceptez quelques villes de l'Asie mineure dont nous avons parlé, et la république de Carthage en Afrique.

Le monde fut partagé entre deux puissantes républiques : celle de Rome et celle de Carthage. Il n'y a rien de si connu que les commencements de la république romaine, et rien qui le soit si peu que l'origine de celle de Carthage. On ignore absolument la suite des princes africains depuis Didon, et comment ils perdirent leurs puissance. C'eût été un grand bonheur pour le monde que l'agrandissement prodigieux de la république romaine, s'il n'y avoit pas eu cette différence injuste entre les citoyens romains et les peuples vaincus; si l'on avoit donné au gouverneur des provinces une autorité moins grande; si les lois si saintes pour empêcher leur tyrannie avoient été observées, et s'ils ne s'étoient pas servis, pour les faire taire, des mêmes trésors que leur injustice avoit amassés.

Il semble que la liberté soit faite pour le génie des peuples d'Europe, et la servitude pour celui des peuples d'Asie. C'est en vain que les Romains offrirent aux Cappadociens ce précieux trésor : cette nation lâche le refusa, et elle courut à la servitude avec le même empressement que les autres peuples couroient à la liberté.

César opprima la république romaine, et la soumit à un pouvoir arbitraire.

L'Europe gémit longtemps sous un gouverne-

ment militaire et violent, et la douceur romaine fut changée en une cruelle oppression.

Cependant une infinité de nations inconnues sortirent du Nord, se répandirent comme des torrents dans les provinces romaines; et, trouvant autant de facilité à faire des conquêtes qu'à exercer leurs pirateries, les démembrèrent et en firent des royaumes. Ces peuples étoient libres et ils bornoient si fort l'autorité de leurs rois, qu'ils n'étoient proprement que des chefs ou des généraux. Ainsi ces royaumes, quoique fondés par la force, ne sentirent point le joug du vainqueur. Lorsque les peuples d'Asie, comme les Turcs et les Tartares, firent des conquêtes, soumis à la volonté d'un seul, ils ne songèrent qu'à lui donner de nouveaux sujets, et à établir par les armes son autorité violente : mais les peuples du Nord, libres dans leur pays, s'emparant des provinces romaines, ne donnèrent point à leurs chefs une grande autorité. Quelques-uns même de ces peuples, comme les Vandales en Afrique, les Goths en Espagne, déposoient leurs rois dès qu'ils n'en étoient pas satisfaits; et, chez les autres, l'autorité du prince étoit bornée de mille manières différentes : un grand nombre de seigneurs la partageoient avec lui; les guerres n'étoient entreprises que de leur consentement; les dépouilles étoient partagées entre le chef et les soldats; aucun impôt en faveur du prince; les lois étoient faites dans les assemblées de la nation. Voilà le principe fondamental de tous ces États, qui se formèrent des débris de l'empire romain.

De Venise, le 20 de la lune de Rhégeb, 1719.

LETTRE CXXXII.

RICA A ***.

Je fus, il y a cinq ou six mois, dans un caffé ; j'y remarquai un gentilhomme assez bien mis qui se faisoit écouter : il parloit du plaisir qu'il y avoit de vivre à Paris ; il déploroit sa situation d'être obligé de vivre dans la province. J'ai, dit-il, quinze mille livres de rente en fonds de terre, et je me croirois plus heureux si j'avois le quart de ce bien-là en argent et en effets portables partout. J'ai beau presser mes fermiers, et les accabler de frais de justice, je ne fais que les rendre plus insolvables : je n'ai jamais pu voir cent pistoles à la fois. Si je devois dix mille francs, on me feroit saisir toutes mes terres, et je serois à l'hôpital.

Je sortis sans avoir fait grande attention à tout ce discours ; mais, me trouvant hier dans ce quartier, j'entrai dans la même maison, et j'y vis un homme grave, d'un visage pâle et allongé, qui, au milieu de cinq ou six discoureurs, paroissoit morne et pensif, jusques à ce que, prenant brusquement la parole : Oui, messieurs, dit-il en haussant la voix, je suis ruiné ; je n'ai plus de quoi vivre ; car j'ai actuellement chez moi deux cent mille livres en billets de banque, et cent mille écus d'argent : je me trouve dans une situation affreuse ; je me suis cru riche, et me voilà à l'hôpital : au moins si j'avois seulement une petite terre où je pusse me retirer, je serois sûr d'avoir de quoi vivre ; mais je n'ai pas grand comme ce chapeau en fonds de terre.

Je tournai par hasard la tête d'un autre côté, et je vis un autre homme qui faisoit des grimaces de possédé. A qui se fier désormais? s'écrioit-il. Il y a un traître que je croyois si fort de mes amis que je lui avois prêté mon argent : et il me l'a rendu ! quelle perfidie horrible ! Il a beau faire ; dans mon esprit il sera toujours déshonoré.

Tout près de là étoit un homme très-mal vêtu, qui, élevant les yeux au ciel, disoit : Dieu bénisse les projets de nos ministres ! puissé-je voir les actions à deux mille, et tous les laquais de Paris plus riches que leurs maîtres ! J'eus la curiosité de demander son nom. C'est un homme extrêmement pauvre, me dit-on ; aussi a-t-il un pauvre métier : il est généalogiste, et il espère que son art rendra, si les fortunes continuent ; et que tous ces nouveaux riches auront besoin de lui pour réformer leur nom, décrasser leurs ancêtres, et orner leurs carrosses ; il s'imagine qu'il va faire autant de gens de qualité qu'il voudra ; il tressaille de joie de voir multiplier ses pratiques.

Enfin, je vis entrer un vieillard pâle et sec, que je reconnus pour nouvelliste avant qu'il se fût assis ; il n'étoit pas du nombre de ceux qui ont une assurance victorieuse contre tous les revers, et présagent toujours les victoires et les trophées : c'étoit au contraire un de ces trembleurs qui n'ont que des nouvelles tristes. Les affaires vont bien mal du côté d'Espagne, dit-il : nous n'avons point de cavalerie sur la frontière, et il est à craindre que le prince Pio, qui en a un gros corps, ne fasse contribuer tout le Languedoc. Il y avoit vis-à-vis de moi un philosophe assez mal en ordre qui prenoit le nouvelliste en pitié, et haussoit les épaules à mesure que l'autre haussoit la voix ; je

m'approchai de lui, et il me dit à l'oreille : Vous voyez que ce fat nous entretient, il y a une heure, de sa frayeur pour le Languedoc ; et moi, j'aperçus hier au soir une tache dans le soleil, qui, si elle augmentoit, pourroit faire tomber toute la nature en engourdissement ; et je n'ai pas dit un seul mot.

De Paris, le 17 de la lune de Rhamazan, 1719.

LETTRE CXXXIII.

RICA A ***.

J'ALLAI l'autre jour voir une grande bibliothèque dans un couvent de dervis, qui en sont comme les dépositaires, mais qui sont obligés d'y laisser entrer tout le monde à certaines heures.

En entrant, je vis un homme grave qui se promenoit au milieu d'un nombre innombrable de volumes qui l'entouroient. J'allai à lui, et le priai de me dire quels étoient quelques-uns de ces livres que je voyois mieux reliés que les autres. Monsieur, me dit-il, j'habite ici une terre étrangère : je n'y connois personne : bien des gens me font de pareilles questions ; mais vous voyez bien que je n'irai pas lire tous ces livres pour les satisfaire ; mais j'ai mon bibliothécaire qui vous donnera satisfaction, car il s'occupe nuit et jour à déchiffrer tout ce que vous voyez là ; c'est un homme qui n'est bon à rien, et qui nous est très à charge, parce qu'il ne travaille point pour le couvent.

Mais j'entends l'heure du réfectoire qui sonne. Ceux qui comme moi sont à la tête d'une communauté doivent être les premiers à tous les exercices. En disant cela, le moine me poussa dehors, ferma la porte, et, comme s'il eût volé, disparut à mes yeux.

<p style="text-align:center">De Paris, le 21 de la lune de Rhamazan, 1719.</p>

LETTRE CXXXIV.

RICA AU MÊME.

Je retournai le lendemain à cette bibliothèque, où je trouvai tout un autre homme que celui que j'avois vu la première fois : son air étoit simple, sa physionomie spirituelle, et son abord très-affable. Dès que je lui eus fait connoître ma curiosité, il se mit en devoir de la satisfaire, et même en qualité d'étranger, de m'instruire.

Mon père, lui dis-je, quels sont ces gros volumes qui tiennent tout ce côté de bibliothèque ? Ce sont, me dit-il, les interprètes de l'Écriture. Il y en a un grand nombre ! lui repartis-je ; il faut que l'Écriture fût bien obscure autrefois, et bien claire à présent ; reste-t-il encore quelques doutes ? peut-il y avoir des points contestés ? S'il y en a, bon Dieu ! s'il y en a ! me répondit-il ; il y en a presque autant que de lignes. Oui, lui dis-je ! Et qu'ont donc fait tous ces auteurs ! Ces auteurs, me repartit-il, n'ont point cherché dans l'Écriture ce qu'il faut croire, mais ce qu'ils croient eux-mêmes ;

ils ne l'ont point regardée comme un livre où étoient contenus les dogmes qu'ils devoient recevoir, mais comme un ouvrage qui pourroit donner de l'autorité à leurs propres idées : c'est pour cela qu'ils en ont corrompu tous les sens, et ont donné la torture à tous les passages. C'est un pays où les hommes de toutes les sectes font des descentes, et vont comme au pillage ; c'est un champ de bataille où les nations ennemies qui se rencontrent livrent bien des combats, où l'on s'attaque, où l'on s'escarmouche de bien des manières.

Tout près de là vous voyez les livres ascétiques ou de dévotion ; ensuite les livres de morale, bien plus utiles ; ceux de théologie, doublement inintelligibles, et par la matière qui y est traitée, et par la manière de la traiter ; les ouvrages des mystiques, c'est-à-dire des dévots qui ont le cœur tendre. Ah ! mon père, lui dis-je, un moment ; n'allez pas si vite ; parlez-moi de ces mystiques. Monsieur, dit-il, la dévotion échauffe un cœur disposé à la tendresse, et lui fait envoyer des esprits au cerveau qui l'échauffent de même, d'où naissent les extases et les ravissements. Cet état est le délire de la dévotion ; souvent il se perfectionne, ou plutôt dégénère en quiétisme : vous savez qu'un quiétiste n'est autre chose qu'un homme fou, dévot et libertin.

Voyez les casuistes, qui mettent au jour les secrets de la nuit ; qui forment dans leur imagination tous les monstres que le démon d'amour peut produire, les rassemblent, les comparent, et en font l'objet éternel de leurs pensées : heureux si leur cœur ne se met pas de la partie, et ne devient pas lui-même complice de tant d'égarements si naïvement décrits et si nuement peints !

Vous voyez, monsieur, que je pense librement, et que je vous dis tout ce que je pense. Je suis naturellement naïf, et plus encore avec vous, qui êtes un étranger, qui voulez savoir les choses, et les savoir telles qu'elles sont. Si je voulois, je ne vous parlerois de tout ceci qu'avec admiration; je vous dirois sans cesse : Cela est divin, cela est respectable ; il y a du merveilleux. Et il en arriveroit de deux choses l'une, ou que je vous tromperois, ou que je me déshonorerois dans votre esprit.

Nous en restâmes là ; une affaire qui survint au dervis rompit notre conversation jusqu'au lendemain.

De Paris, le 23 de la lune de Rhamazan, 1719.

LETTRE CXXXV.

RICA AU MÊME.

Je revins à l'heure marquée, et mon homme me mena précisément dans l'endroit où nous nous étions quittés. Voici, me dit-il, les grammairiens, les glossateurs, et les commentateurs. Mon père, lui dis-je, tous ces gens-là ne peuvent-ils pas se dispenser d'avoir du bon sens? Oui, dit-il, ils le peuvent; et même il n'y paroît pas, leurs ouvrages n'en sont pas plus mauvais ; ce qui est très-commode pour eux. Cela est vrai, lui dis-je ; et je connois bien des philosophes qui feroient bien de s'appliquer à ces sortes de sciences-là.

Voilà, poursuivit-il, les orateurs, qui ont le talent de persuader indépendamment des raisons ; et les géomètres, qui obligent un homme malgré lui d'être persuadé, et le convainquent avec tyrannie.

Voici les livres de métaphysique, qui traitent de si grands intérêts, et dans lesquels l'infini se rencontre partout ; les livres de physique, qui ne trouvent pas plus de merveilleux dans l'économie du vaste univers que dans la machine la plus simple de nos artisans ; les livres de médecine, ces monuments de la fragilité de la nature et de la puissance de l'art ; qui font trembler quand ils traitent des maladies même les plus légères, tant ils nous rendent la mort présente ; mais qui nous mettent dans une sécurité entière quand ils parlent de la vertu des remèdes, comme si nous étions devenus immortels.

Tout près de là sont les livres d'anatomie, qui contiennent bien moins la description des parties du corps humain que les noms barbares qu'on leur a donnés : chose qui ne guérit ni le malade de son mal, ni le médecin de son ignorance.

Voici la chimie, qui habite tantôt l'hôpital et tantôt les petites-maisons, comme des demeures qui lui sont également propres.

Voici les livres de science, ou plutôt d'ignorance occulte : tels sont ceux qui contiennent quelque espèce de diablerie ; exécrables selon la plupart des gens ; pitoyables selon moi. Tels sont encore les livres d'astrologie judiciaire. Que dites-vous, mon père ? Les livres d'astrologie judiciaire, repartis-je avec feu ! Et ce sont ceux dont nous faisons plus de cas en Perse : ils règlent toutes les actions de notre vie, et nous déterminent dans

toutes nos entreprises ; les astrologues sont proprement nos directeurs ; ils font plus, ils entrent dans le gouvernement de l'État. Si cela est, me dit-il, vous vivez sous un joug bien plus dur que celui de la raison : voilà ce qui s'appelle le plus étrange de tous les empires ; je plains bien une famille, et encore plus une nation, qui se laisse si fort dominer par les planètes. Nous nous servons, lui repartis-je, de l'astrologie, comme vous vous servez de l'algèbre. Chaque nation a sa science, selon laquelle elle règle sa politique : tous les astrologues ensemble n'ont jamais fait tant de sottises en notre Perse qu'un seul de vos algébristes en a fait ici. Croyez-vous que le concours fortuit des astres ne soit pas une règle aussi sûre que les beaux raisonnements de votre faiseur de système ? Si l'on comptoit les voix là-dessus en France et en Perse, ce seroit un beau sujet de triomphe pour l'astrologie ; vous verriez les mathématiciens bien humiliés : quel accablant corollaire en pourroit-on tirer contre eux !

Notre dispute fut interrompue, et il fallut nous quitter.

De Paris, le 26 de la lune de Rhamazan, 1719.

LETTRE CXXXVI.

RICA AU MÊME.

Dans l'entrevue suivante, mon savant me mena dans un cabinet particulier. Voici les livres d'histoire moderne, me dit-il. Voyez

premièrement les historiens de l'Église et des papes ; livres que je lis pour m'édifier, et qui font souvent en moi un effet tout contraire.

Là, ce sont ceux qui ont écrit de la décadence du formidable empire romain, qui s'étoit formé du débris de tant de monarchies, et sur la chute duquel il s'en forma tant de nouvelles. Un nombre infini de peuples barbares, aussi inconnus que les pays qu'ils habitoient, parurent tout à coup, l'inondèrent, le ravagèrent, le dépecèrent, et fondèrent tous les royaumes que vous voyez à présent en Europe. Ces peuples n'étoient point proprement barbares, puisqu'ils étoient libres : mais ils le sont devenus depuis que, soumis pour la plupart à une puissance absolue, ils ont perdu cette douce liberté si conforme à la raison, à l'humanité, et à la nature.

Vous voyez ici les historiens de l'Allemagne, laquelle n'est qu'une ombre du premier empire, mais qui est, je crois, la seule puissance qui soit sur la terre, que la division n'a point affoiblie ; la seule, je crois encore, qui se fortifie à mesure de ses pertes ; et qui, lente à profiter des succès, devient indomptable par ses défaites.

Voici les historiens de France, où l'on voit d'abord la puissance des rois se former, mourir deux fois, renaître de même, languir ensuite pendant plusieurs siècles ; mais, prenant insensiblement des forces, accrue de toutes parts, monter à son dernier période : semblable à ces fleuves qui dans leur course perdent leurs eaux, ou se cachent sous terre ; puis reparoissant de nouveau, grossis par les rivières qui s'y jettent, entraînent avec rapidité tout ce qui s'oppose à leur passage.

Là, vous voyez la nation espagnole sortir de quelques montagnes : les princes mahométans subjugués aussi insensiblement qu'ils avoient rapidement conquis ; tant de royaumes réunis dans une vaste monarchie, qui devint presque la seule ; jusqu'à ce qu'accablée de sa fausse opulence, elle perdit sa force et sa réputation même, et ne conserva que l'orgueil de sa première puissance.

Ce sont ici les historiens d'Angleterre, où l'on voit la liberté sortir sans cesse des feux de la discorde et de la sédition ; le prince toujours chancelant sur un trône inébranlable ; une nation impatiente, sage dans sa fureur même ; et qui, maîtresse de la mer (chose inouïe jusqu'alors), mêle le commerce avec l'empire.

Tout près de là sont les historiens de cette autre reine de la mer, la république de Hollande, si respectée en Europe, et si formidable en Asie, où ses négociants voient tant de rois prosternés devant eux.

Les historiens d'Italie vous représentent une nation autrefois maîtresse du monde, aujourd'hui esclave de toutes les autres ; ses princes divisés et foibles, et sans autre attribut de souveraineté qu'une vaine politique.

Voilà les historiens des républiques : de la Suisse, qui est l'image de sa liberté ; de Venise, qui n'a de ressources qu'en son économie ; et de Gênes, qui n'est superbe que par ses bâtiments.

Voici ceux du nord, et entre autres de la Pologne, qui use si mal de sa liberté et du droit qu'elle a d'élire ses rois, qu'il semble qu'elle veuille consoler par là les peuples ses voisins, qui ont perdu l'un et l'autre.

Là-dessus, nous nous séparâmes jusqu'au lendemain.

<p style="text-align:center">De Paris, le 2 de la lune de Chalval, 1719.</p>

LETTRE CXXXVII.

RICA AU MÊME.

Le lendemain, il me mena dans un autre cabinet. Ce sont ici les poëtes, me dit-il ; c'est-à-dire ces auteurs dont le métier est de mettre des entraves au bon sens, et d'accabler la raison sous les agréments comme on ensevelissoit autrefois les femmes sous leurs parures et leurs ornements. Vous les connoissez ; ils ne sont pas rares chez les Orientaux, où le soleil, plus ardent, semble échauffer les imaginations mêmes.

Voilà les poëmes épiques. Hé ! qu'est-ce que les poëmes épiques ? En vérité, me dit-il, je n'en sais rien ; les connoisseurs disent qu'on n'en a jamais fait que deux, et que les autres qu'on donne sous ce nom ne le sont point : c'est aussi ce que je ne sais pas. Ils disent de plus qu'il est impossible d'en faire de nouveaux ; et cela est encore plus surprenant.

Voici les poëtes dramatiques, qui, selon moi, sont les poëtes par excellence, et les maîtres des passions. Il y en a de deux sortes : les comiques, qui nous remuent si doucement ; et les tragiques, qui nous troublent et nous agitent avec tant de violence.

Voici les lyriques, que je méprise autant que je fais cas des autres, et qui font de leur art une harmonieuse extravagance.

On voit ensuite les auteurs des idylles et des églogues, qui plaisent même aux gens de cour, par l'idée qu'ils leur donnent d'une certaine tranquillité qu'ils n'ont pas, et qu'ils leur montrent dans la condition des bergers.

De tous les auteurs que nous avons vus, voici les plus dangereux : ce sont ceux qui aiguisent les épigrammes, qui sont de petites flèches déliées qui font une plaie profonde et inaccessible aux remèdes.

Vous voyez ici les romans, qui sont des espèces de poëtes, et qui outrent également le langage de l'esprit et celui du cœur ; qui passent leur vie à chercher la nature, et la manquent toujours ; et qui font des héros, qui y sont aussi étrangers que les dragons ailés et les hippocentaures.

J'ai vu, lui dis-je, quelques-uns de vos romans : et, si vous voyiez les nôtres, vous en seriez encore plus choqué. Il sont aussi peu naturels, et d'ailleurs extrêmement gênés par nos mœurs : il faut dix années de passion avant qu'un amant ait pu voir seulement le visage de sa maîtresse. Cependant les auteurs sont forcés de faire passer les lecteurs dans ces ennuyeux préliminaires. Or, il est impossible que les incidents soient variés : on a recours à un artifice pire que le mal même qu'on veut guérir ; c'est aux prodiges. Je suis sûr que vous ne trouverez pas bon qu'une magicienne fasse sortir une armée de dessous terre ; qu'un héros lui seul en détruise une de cent mille hommes. Cependant voilà nos romans : ces aventures froides et souvent répétées nous

font languir, et ces prodiges extravagants nous révoltent.

De Paris, le 6 de la lune de Chalval, 1719.

LETTRE CXXXVIII.

RICA A IBBEN.

A Smyrne.

Les ministres se succèdent et se détruisent ici comme les saisons : depuis trois ans j'ai vu changer quatre fois de système sur les finances. On lève aujourd'hui, en Perse et en Turquie, les subsides de la même manière que les fondateurs de ces monarchies les levoient : il s'en faut bien qu'il en soit ici de même. Il est vrai que nous n'y mettons pas tant d'esprit que les Occidentaux : nous croyons qu'il n'y a pas plus de différence entre l'administration des revenus du prince et de ceux d'un particulier qu'il y en a entre compter cent mille tomans ou en compter cent. Mais il y a ici bien plus de finesse et de mystère. Il faut que de grands génies travaillent nuit et jour; qu'ils enfantent sans cesse, et avec douleur, de nouveaux projets; qu'ils écoutent les avis d'une infinité de gens qui travaillent pour eux sans en être priés; qu'ils se retirent et vivent dans le fond d'un cabinet impénétrable aux grands et sacré aux petits; qu'ils aient toujours la tête remplie de secrets importants, de desseins

miraculeux, de systèmes nouveaux; et qu'absorbés dans les méditations, ils soient privés non-seulement de l'usage de la parole, mais même quelquefois de la politesse.

Dès que le feu roi eut fermé les yeux, on pensa à établir une nouvelle administration. On sentoit qu'on étoit mal, mais ne savoit comment faire pour être mieux. On s'étoit mal trouvé de l'autorité sans bornes des ministres précédents : on la voulut partager. On créa pour cet effet six ou sept conseils ; et ce ministère est peut-être celui de tous qui a gouverné la France avec plus de sens : la durée en fut courte, aussi bien que celle du bien qu'il produisit.

La France, à la mort du feu roi, étoit un corps accablé de mille maux : N*** prit le fer à la main, retrancha les chairs inutiles, et appliqua quelques remèdes topiques ; mais il restoit toujours un vice intérieur à guérir. Un étranger est venu, qui a entrepris cette cure. Après bien des remèdes violents, il a cru lui avoir rendu son embonpoint ; et il l'a seulement rendue bouffie.

Tous ceux qui étoient riches il y a six mois sont à présent dans la pauvreté, et ceux qui n'avoient pas de pain regorgent de richesses. Jamais ces deux extrémités ne se sont touchées de si près. L'étranger a tourné l'État comme un fripier tourne un habit : il fait paroître dessus ce qui étoit dessous ; et ce qui étoit dessus, il le met à l'envers. Quelles fortunes inespérées, incroyables même, à ceux qui les ont faites! Dieu ne tire pas plus rapidement les hommes du néant. Que de valets servis par leurs camarades, et peut-être demain par leurs maîtres!

Tout ceci produit souvent des choses bizarres.

Les laquais qui avoient fait fortune sous le règne passé vantent aujourd'hui leur naissance : ils rendent à ceux qui viennent de quitter leur livrée dans une certaine rue tout le mépris qu'on avoit pour eux il y a six mois ; ils crient de toute leur force : La noblesse est ruinée, quel désordre dans l'Etat ! quelle confusion dans les rangs ! On ne voit que des inconnus faire fortune ! Je te promets que ceux-ci prendront bien leur revanche sur ceux qui viendront après eux ; et que, dans trente ans, ces gens de qualité feront bien du bruit.

De Paris, le 1er de la lune de Zilcadé, 1720.

LETTRE CXXXIX.

RICA AU MÊME.

Voici un grand exemple de la tenderesse conjugale, non-seulement dans une femme, mais dans une reine. La reine de Suède, voulant à toute force associer le prince son époux à la couronne, pour aplanir toutes les difficultés, a envoyé aux états une déclaration par laquelle elle se désiste de la régence, en cas qu'il soit élu.

Il y a soixante et quelques années qu'une autre reine, nommée Christine, abdiqua la couronne pour se donner tout entière à la philosophie. Je ne sais lequel de ces deux exemples nous devons admirer davantage.

Quoique j'approuve assez que chacun se tienne

ferme dans le poste où la nature l'a mis; et que je ne puisse louer la foiblesse de ceux qui, se trouvant au-dessous de leur état, le quittent comme par une espèce de désertion; je suis cependant frappé de la grandeur d'âme de ces deux princesses, et de voir l'esprit de l'une et le cœur de l'autre supérieurs à leur fortune. Christine a songé à connoître dans le temps que les autres ne songent qu'à jouir; et l'autre ne veut jouir que pour mettre tout son bonheur entre les mains de son auguste époux.

De Paris, le 27 de la lune de Maharram, 1720.

LETTRE CXL.

RICA A USBEK.

A ***.

Le parlement de Paris vient d'être relégué dans une petite ville qu'on appelle Pontoise. Le conseil lui a envoyé enregistrer ou approuver une déclaration qui le déshonore; et il l'a enregistrée d'une manière qui déshonore le conseil.

On menace d'un pareil traitement quelques parlements du royaume.

Ces compagnies sont toujours odieuses : elles n'approchent des rois que pour leur dire de tristes vérités; et pendant qu'une foule de courtisans leur représentent sans cesse un peuple heureux sous leur gouvernement, elles viennent démentir la

flatterie, et apporter au pied du trône les gémissements et les larmes dont elles sont dépositaires.

C'est un pesant fardeau, mon cher Usbek, que celui de la vérité, lorsqu'il faut la porter jusqu'aux princes : ils doivent bien penser que ceux qui le font y sont contraints, et qu'ils ne se résoudroient jamais à faire des démarches si tristes et si affligeantes pour ceux qui les font, s'ils n'y étoient forcés par leur devoir, leur respect, et même leur amour.

De Paris, le 21 de la lune de Gemmadi 1, 1720.

LETTRE CXLI.

RICA AU MÊME.

A ***.

J'irai te voir sur la fin de la semaine : que les jours couleront agréablement avec toi !

Je fus présenté, il y a quelques jours, à une dame de la cour, qui avoit quelque envie de voir ma figure étrangère. Je la trouvai belle, digne des regards de notre monarque, et d'un rang auguste dans le lieu sacré où son cœur repose.

Elle me fit mille questions sur les mœurs des Persans, et sur la manière de vivre des Persanes : il me parut que la vie du sérail n'étoit pas de son goût, et qu'elle trouvoit de la répugnance à voir un homme partagé entre dix ou douze femmes. Elle ne put voir sans envie le bonheur de l'un, et sans pitié la condition des autres. Comme elle aime la lecture, surtout celle des poëtes et des

romans, elle souhaita que je lui parlasse des nôtres : ce que je lui en dis redoubla sa curiosité ; elle me pria de lui faire traduire un fragment de quelques-uns de ceux que j'ai apportés. Je le fis, et je lui envoyai, quelques jours après, un conte persan : peut-être seras-tu bien aise de le voir travesti.

Du temps de Cheik-Ali-Can, il y avoit en Perse une femme nommée Zuléma : elle savoit par cœur tout le saint Alcoran ; il n'y avoit point de dervis qui entendît mieux qu'elle les traditions des saints prophètes ; les docteurs arabes n'avoient rien dit de si mystérieux qu'elle n'en comprît tous les sens ; et elle joignoit à tant de connoissances un certain caractère d'esprit enjoué, qui laissoit à peine deviner si elle vouloit amuser ceux à qui elle parloit, ou les instruire.

Un jour qu'elle étoit avec ses compagnes dans une des salles du sérail, une d'elles lui demanda ce qu'elle pensoit de l'autre vie, et si elle ajoutoit foi à cette ancienne tradition de nos docteurs, que le paradis n'est fait que pour les hommes.

C'est le sentiment commun, leur dit-elle ; il n'y a rien que l'on n'ait fait pour dégrader notre sexe. Il y a même une nation répandue par toute la Perse, qu'on appelle la nation juive, qui soutient, par l'autorité de ses livres sacrés, que nous n'avons point d'âme.

Ces opinions si injurieuses n'ont d'autre origine que l'orgueil des hommes, qui veulent porter leur supériorité au delà même de leur vie ; et ne pensent pas que, dans le grand jour, toutes les créatures paroîtront devant Dieu comme le néant, sans qu'il y ait entre elles de prérogatives que celles que la vertu y aura mises.

Dieu ne se bornera point dans ses récompenses : et comme les hommes qui auront bien vécu, et bien usé de l'empire qu'ils ont ici-bas sur nous, seront dans un paradis plein de beautés célestes et ravissantes, et telles que, si un mortel les avoit vues, il se donneroit aussitôt la mort, dans l'impatience d'en jouir ; aussi les femmes vertueuses iront dans un lieu de délices, où elles seront enivrées d'un torrent de voluptés, avec des hommes divins qui leur seront soumis : chacune d'elles aura un sérail, dans lequel ils seront enfermés ; et des eunuques, encore plus fidèles que les nôtres, pour les garder.

J'ai lu, ajouta-t-elle, dans un livre arabe, qu'un homme, nommé Ibrahim, étoit d'une jalousie insupportable. Il avoit douze femmes extrêmement belles, qu'il traitoit d'une manière très-dure : il ne se fioit plus à ses eunuques, ni aux murs de son sérail ; il les tenoit presque toujours sous la clef, enfermées dans leur chambre, sans qu'elles pussent se voir ni se parler ; car il étoit même jaloux d'une amitié innocente : toutes ses actions prenoient la teinture de sa brutalité naturelle ; jamais une douce parole ne sortit de sa bouche ; et jamais il ne fit un moindre signe qui n'ajoutât quelque chose à la rigueur de leur esclavage.

Un jour qu'il les avoit toutes assemblées dans une salle de son sérail, une d'entre elles, plus hardie que les autres, lui reprocha son mauvais naturel. Quand on cherche si fort les moyens de se faire craindre, lui dit-elle, on trouve toujours auparavant ceux de se faire haïr. Nous sommes si malheureuses, que nous ne pouvons nous empêcher de désirer un changement : d'autres, à ma place, souhaiteroient votre mort ; je ne souhaite

que la mienne : et, ne pouvant espérer d'être séparée de vous que par là, il me sera encore bien doux d'en être séparée. Ce discours, qui auroit dû le toucher, le fit entrer dans une furieuse colère; il tira son poignard, et le lui plongea dans le sein. Mes chères compagnes, dit-elle d'une voix mourante, si le ciel a pitié de ma vertu, vous serez vengées. A ces mots, elle quitta cette vie infortunée, pour aller dans le séjour des délices, où les femmes qui ont bien vécu jouissent d'un bonheur qui se renouvelle toujours.

D'abord elle vit une prairie riante, dont la verdure étoit relevée par les peintures des fleurs les plus vives : un ruisseau, dont les eaux étoient plus pures que le cristal, y faisoit un nombre infini de détours. Elle entra ensuite dans des bocages charmants, dont le silence n'étoit interrompu que par le doux chant des oiseaux ; de magnifiques jardins se présentèrent ensuite ; la nature les avoit ornés avec sa simplicité, et toute sa magnificence. Elle trouva enfin un palais superbe préparé pour elle, et rempli d'hommes célestes destinés à ses plaisirs.

Deux d'entre eux se présentèrent aussitôt pour la déshabiller ; d'autres la mirent dans le bain, et la parfumèrent des plus délicieuses essences ; on lui donna ensuite des habits infiniment plus riches que les siens ; après quoi on la mena dans une grande salle, où elle trouva un feu fait avec des bois odoriférants, et une table couverte des mets les plus exquis. Tout sembloit concourir au ravissement de ses sens : elle entendoit d'un côté une musique d'autant plus divine qu'elle étoit plus tendre; de l'autre, elle ne voyoit que des danses de ces hommes divins, uniquement occupés à lui plaire. Cependant tant de plaisirs ne devoient

servir qu'à la conduire insensiblement à des plaisirs plus grands. On la mena dans sa chambre ; et, après l'avoir encore une fois déshabillée, on la porta dans un lit superbe, où deux hommes d'une beauté charmante la reçurent dans leurs bras. C'est pour lors qu'elle fut enivrée, et que ses ravissements passèrent même ses désirs. Je suis toute hors de moi, leur disoit-elle ; je croirois mourir, si je n'étois sûre de mon immortalité. C'en est trop, laissez-moi ; je succombe sous la violence des plaisirs. Oui, vous rendez un peu le calme à mes sens ; je commence à respirer et à revenir à moi-même. D'où vient que l'on a ôté les flambeaux ? Que ne puis-je à présent considérer votre beauté divine ? Que ne puis-je voir... Mais pourquoi voir ? Vous me faites rentrer dans mes premiers transports. O dieux ! que ces ténèbres sont aimables ! Quoi ! je serai immortelle, et immortelle avec vous ! je serai... Non, je vous demande grâce, car je vois bien que vous êtes gens à n'en demander jamais.

Après plusieurs commandements réitérés, elle fut obéie : mais elle ne le fut que lorsqu'elle voulut l'être bien sérieusement. Elle se reposa languissamment, et s'endormit dans leurs bras. Deux moments de sommeil réparèrent sa lassitude : elle reçut deux baisers qui l'enflammèrent soudain, et lui firent ouvrir les yeux. Je suis inquiète, dit-elle ; je crains que vous ne m'aimiez plus. C'étoit un doute dans lequel elle ne vouloit pas rester longtemps : aussi eut-elle avec eux tous les éclaircissements qu'elle pouvoit désirer. Je suis désabusée, s'écria-t-elle ; pardon, pardon ; je suis sûre de vous. Vous ne me dites rien, mais vous prouvez mieux que tout ce que vous me pourriez dire :

oui, oui, je vous le confesse, on n'a jamais tant aimé. Mais quoi ! vous vous disputez tous deux l'honneur de me persuader ! Ah ! si vous vous disputez, si vous joignez l'ambition au plaisir de ma défaite, je suis perdue ; vous serez tous deux vainqueurs, il n'y aura que moi de vaincue ; mais je vous vendrai bien cher la victoire.

Tout ceci ne fut interrompu que par le jour. Ses fidèles et aimables domestiques entrèrent dans sa chambre, et firent lever ces deux jeunes hommes, que deux vieillards ramenèrent dans les lieux où ils étoient gardés pour ses plaisirs. Elle se leva ensuite, et parut d'abord à cette cour idolâtre dans les charmes d'un déshabillé simple, et ensuite couverte des plus somptueux ornements. Cette nuit l'avoit embellie ; elle avoit donné de la vie à son teint, et de l'expression à ses grâces. Ce ne fut pendant tout le jour que danses, que concerts, que festins, que jeux, que promenades ; et l'on remarquoit qu'Anaïs se déroboit de temps en temps, et voloit vers ses deux jeunes héros ; après quelques précieux instants d'entrevue, elle revenoit vers la troupe qu'elle avoit quittée, toujours avec un visage plus serein. Enfin, sur le soir, on la perdit tout à fait : elle alla s'enfermer dans le sérail, où elle vouloit, disoit-elle, faire connoissance avec ces captifs immortels qui devoient à jamais vivre avec elle. Elle visita donc les appartements de ces lieux les plus reculés et les plus charmants où elle compta cinquante esclaves d'une beauté miraculeuse : elle erra toute la nuit de chambre en chambre, recevant partout des hommages toujours différents, et toujours les mêmes.

Voilà comment l'immortelle Anaïs passoit sa vie, tantôt dans des plaisirs éclatants, tantôt dans

des plaisirs solitaires ; admirée d'une troupe brillante, ou bien aimée d'un amant éperdu : souvent elle quittoit un palais enchanté pour aller dans une grotte champêtre ; les fleurs sembloient naître sous ses pas, et les jeux se présentoient en foule au-devant d'elle.

Il y avoit plus de huit jours qu'elle étoit dans cette demeure heureuse, que, toujours hors d'elle-même, elle n'avoit pas fait une seule réflexion : elle avoit joui de son bonheur sans le connoître, et sans avoir eu un seul de ces moments tranquilles, où l'âme se rend, pour ainsi dire, compte à elle-même, et s'écoute dans le silence des passions.

Les bienheureux ont des plaisirs si vifs, qu'ils peuvent rarement jouir de cette liberté d'esprit : c'est pour cela qu'attachés invinciblement aux objets présents, ils perdent entièrement la mémoire des choses passées, et n'ont plus aucun souci de ce qu'ils ont connu ou aimé dans l'autre vie.

Mais Anaïs, dont l'esprit étoit vraiment philosophe, avoit passé presque toute sa vie à méditer : elle avoit poussé ses réflexions beaucoup plus loin qu'on n'auroit dû l'attendre d'une femme laissée à elle-même. La retraite austère que son mari lui avoit fait garder ne lui avoit laissé que cet avantage. C'est cette force d'esprit qui lui avoit fait mépriser la crainte dont ses compagnes étoient frappées, et la mort, qui devoit être la fin de ses peines et le commencement de sa félicité.

Ainsi elle sortit peu à peu de l'ivresse des plaisirs, et s'enferma seule dans un appartement de son palais. Elle se laissa aller à des réflexions bien douces sur sa condition passée, et sur sa félicité présente ; elle ne put s'empêcher de s'attendrir sur le malheur de ses compagnes : on est sensible à

des tourments que l'on a partagés. Anaïs ne se tint pas dans les simples bornes de la compassion : plus tendre envers ces infortunées, elle se sentit portée à les secourir.

Elle donna ordre à un de ces jeunes hommes qui étoient auprès d'elle de prendre la figure de son mari; d'aller dans son sérail de s'en rendre maître; de l'en chasser, et d'y rester à sa place jusqu'à ce qu'elle le rappelât.

L'exécution fut prompte : il fendit les airs, arriva à la porte du sérail d'Ibrahim, qui n'y étoit pas. Il frappe, tout lui est ouvert; les eunuques tombent à ses pieds : il vole vers les appartements où les femmes d'Ibrahim étoient enfermées. Il avoit, en passant, pris les clefs dans la poche de ce jaloux, à qui il s'étoit rendu invisible. Il entre, et les surprend d'abord par son air doux et affable; et, bientôt après, il les surprend davantage par ses empressements et par la rapidité de ses entreprises. Toutes eurent leur part de l'étonnement; et elles l'auroient pris pour un songe, s'il y eût eu moins de réalité.

Pendant que ces nouvelles scènes se jouent dans le sérail, Ibrahim heurte, se nomme, tempête, et crie. Après avoir essuyé bien des difficultés, il entre, et jette les eunuques dans un désordre extrême. Il marche à grands pas; mais il recule en arrière, et tombe comme des nues, quand il voit le faux Ibrahim, sa véritable image, dans toutes les libertés d'un maître. Il crie au secours; il veut que les eunuques lui aident à tuer cet imposteur; mais il n'est pas obéi. Il n'a plus qu'une foible ressource, c'est de s'en rapporter au jugement de ses femmes. Dans une heure le faux Ibrahim avoit séduit tous ses juges. Il est chassé

et traîné indignement hors du sérail, et il auroit reçu la mort mille fois, si son rival n'avoit ordonné qu'on lui sauvât la vie. Enfin, le nouvel Ibrahim, resté maître du champ de bataille, se montra de plus en plus digne d'un tel choix, et se signala par des miracles jusqu'alors inconnus. Vous ne ressemblez pas à Ibrahim, disoient ces femmes. Dites, dites plutôt que cet imposteur ne me ressemble pas, disoit le triomphant Ibrahim : comment faut-il faire pour être votre époux, si ce que je fais ne suffit pas?

Ah! nous n'avons garde de douter, dirent les femmes. Si vous n'êtes pas Ibrahim, il nous suffit que vous ayez si bien mérité de l'être : vous êtes plus Ibrahim en un jour qu'il ne l'a été dans le cours de dix années. Vous me promettez donc, reprit-il, que vous vous déclarerez en ma faveur contre cet imposteur? N'en doutez pas, dirent-elles d'une commune voix; nous vous jurons une fidélité éternelle : nous n'avons été que trop long-temps abusées : le traître ne soupçonnoit point notre vertu, il ne soupçonnoit que sa foiblesse; nous voyons bien que les hommes ne sont point faits comme lui; c'est à vous sans doute qu'ils ressemblent : si vous saviez combien vous nous le faites haïr! Ah! je vous donnerai souvent de nouveaux sujets de haine, reprit le faux Ibrahim : vous ne connoissez point encore tout le tort qu'il vous a fait. Nous jugeons de son injustice par la grandeur de votre vengeance, reprirent-elles. Oui, vous avez raison, dit l'homme divin; j'ai mesuré l'expiation au crime : je suis bien aise que vous soyez contentes de ma manière de punir. Mais, dirent ces femmes, si cet imposteur revient, que ferons-nous? Il lui seroit, je crois, difficile de vous

tromper, répondit-il : dans la place que j'occupe auprès de vous, on ne se soutient guère par la ruse ; et d'ailleurs je l'enverrai si loin, que vous n'entendrez plus parler de lui, pour lors je prendrai sur moi le soin de votre bonheur. Je ne serai point jaloux ; je saurai m'assurer de vous, sans vous gêner ; j'ai assez bonne opinion de mon mérite pour croire que vous me serez fidèles : si vous n'étiez pas vertueuses avec moi, avec qui le seriez-vous ? Cette conversation dura longtemps entre lui et ces femmes, qui, plus frappées de la différence des deux Ibrahims que de leur ressemblance, ne songeoient pas même à se faire éclaircir de tant de merveilles. Enfin le mari désespéré revint encore les troubler ; il trouva toute sa maison dans la joie, et les femmes plus incrédules que jamais. La place n'étoit pas tenable pour un jaloux ; il sortit furieux ; et un instant après le faux Ibrahim le suivit, le prit, le transporta dans les airs, et le laissa à quatre cents lieues de là.

O dieux! dans quelle désolation se trouvèrent ces femmes dans l'absence de leur cher Ibrahim ! Déjà leurs eunuques avoient repris leur sévérité naturelle ; toute la maison étoit en larmes ; elles s'imaginoient quelquefois que tout ce qu'il leur étoit arrivé n'étoit qu'un songe ; elles se regardoient toutes les unes les autres, et se rappeloient les moindres circonstances de ces étranges aventures. Enfin, Ibrahim revint, toujours plus aimable; il leur parut que son voyage n'avoit pas été pénible. Le nouveau maître prit une conduite si opposée à celle de l'autre qu'elle surprit tous les voisins. Il congédia tous les eunuques, rendit sa maison accessible à tout le monde: il ne voulut pas même souffrir que ses femmes se voilassent.

C'étoit une chose singulière de les voir dans les festins, parmi des hommes, aussi libres qu'eux. Ibrahim crut avec raison que les coutumes du pays n'étoient pas faites pour des citoyens comme lui. Cependant il ne se refusoit aucune dépense : il dissipa avec une immense profusion les biens du jaloux, qui, de retour trois ans après des pays lointains où il avoit été tranporté, ne trouva plus que ses femmes et trente-six enfants.

De Paris, le 26 de la lune de Gemmadi 1, 1720.

LETTRE CXLII.

RICA A USBEK.

A ***.

Voici une lettre que je reçus hier d'un savant : elle te paroîtra singulière.

« Monsieur,

« Il y a six mois que j'ai recueilli la succession
« d'un oncle très-riche, qui m'a laissé cinq ou six
« cent mille livres, et une maison superbement
« meublée. Il y a plaisir d'avoir du bien lors-
« qu'on en sait faire un bon usage. Je n'ai point
« d'ambition ni de goût pour les plaisirs : je suis
« presque toujours enfermé dans un cabinet, où
« je mène la vie d'un savant. C'est dans ce lieu
« que l'on trouve un curieux amateur de la véné-
« rable antiquité.

« Lorsque mon oncle eut fermé les yeux, j'au-

« rois fort souhaité de le faire enterrer avec les
« cérémonies observées par les anciens Grecs et
« Romains : mais je n'avois pour lors ni lacryma-
« toires, ni urnes, ni lampes antiques.

« Mais depuis je me suis bien pourvu de ces
« précieuses raretés. Il y a quelques jours que je
« vendis ma vaisselle d'argent pour acheter une
« lampe de terre qui avoit servi à un philosophe
« stoïcien. Je me suis défait de toutes les glaces
« dont mon oncle avoit couvert presque tous les
« murs de ses appartements, pour avoir un petit
« miroir un peu fêlé, qui fut autrefois à l'usage
« de Virgile : je suis charmé d'y voir ma figure
« représentée, au lieu de celle du cygne de Man-
« toue. Ce n'est pas tout : j'ai acheté cent louis
« d'or cinq ou six pièces de monnoie de cuivre
« qui avoit cours il y a deux mille ans. Je ne sa-
« che pas avoir à présent dans ma maison un seul
« meuble qui n'ait été fait avant la décadence de
« l'empire. J'ai un petit cabinet de manuscrits
« fort précieux et fort chers : quoique je me tue
« la vue à les lire, j'aime beaucoup mieux m'en
« servir que des exemplaires imprimés, qui ne
« sont pas si corrects, et que tout le monde a
« entre les mains. Quoique je ne sorte presque ja-
« mais, je ne laisse pas d'avoir une passion déme-
« surée de connoître tous les anciens chemins qui
« étoient du temps des Romains. Il y en a un qui
« est près de chez moi, qu'un proconsul des Gau-
« les fit faire il y a environ douze cents ans :
« lorsque je vais à ma maison de campagne, je ne
« manque jamais d'y passer, quoiqu'il soit très-
« incommode, et qu'il m'allonge de plus d'une
« lieue ; mais ce qui me fait enrager, c'est qu'on
« y a mis des poteaux de bois de distance en dis-

« tance, pour marquer l'éloignement des villes
« voisines ; je suis désespéré de voir ces miséra-
« bles indices, au lieu des colonnes milliaires qui
« y étoient autrefois : je ne doute pas que je ne
« les fasse rétablir par mes héritiers, et que je ne
« les engage à cette dépense par mon testament.
« Si vous avez, monsieur, quelque manuscrit
« persan, vous me ferez plaisir de m'en accom-
« moder : je vous le payerai tout ce que vous
« voudrez ; et je vous donnerai par-dessus le
« marché quelques ouvrages de ma façon, par
« lesquels vous verrez que je ne suis point un
« membre inutile de la république des lettres.
« Vous y remarquerez entre autres une disser-
« tation, où je prouve que la couronne dont on
« se servoit autrefois dans les triomphes étoit de
« chêne, et non pas de laurier : vous en admire-
« rez une autre, où je prouve, par de doctes con-
« jectures tirées des plus graves auteurs grecs,
« que Cambyses fut blessé à la jambe gauche, et
« non pas à la droite ; une autre, où je prouve
« qu'un petit front étoit une beauté recherchée
« par les Romains. Je vous enverrai encore un
« volume in-quarto, en forme d'explication d'un
« vers du sixième livre de l'Énéide de Virgile.
« Vous ne recevrez tout ceci que dans quelques
« jours ; et quant à présent, je me contente de
« vous envoyer ce fragment d'un ancien mytho-
« logiste grec, qui n'avoit point paru jusques
« ici, et que j'ai découvert dans la poussière
« d'une bibliothèque. Je vous quitte pour une
« affaire importante que j'ai sur les bras : il s'a-
« git de restituer un beau passage de Pline le na-
« turaliste, que les copistes du cinquième siècle
« ont étrangement défiguré. Je suis, etc. »

FRAGMENT D'UN ANCIEN MYTHOLOGISTE.

« Dans une île près des Orcades, il naquit un
« enfant qui avoit pour père Éole, dieu des
« vents, et pour mère une nymphe de Calédonie.
« On dit de lui qu'il apprit tout seul à compter
« avec ses doigts; et que, dès l'âge de quatre ans,
« il distinguoit si parfaitement les métaux, que
« sa mère ayant voulu lui donner une bague de
« laiton au lieu d'une d'or, il reconnut la trom-
« perie, et la jeta par terre.

« Dès qu'il fut grand, son père lui apprit le
« secret d'enfermer les vents dans une outre,
« qu'il vendoit ensuite à tous les voyageurs; mais
« comme la marchandise n'étoit pas fort prisée
« dans son pays, il le quitta, et se mit à courir le
« monde en compagnie de l'aveugle dieu du ha-
« sard.

« Il apprit dans ses voyages que dans la Béti-
« que l'or reluisoit de toutes parts : cela fit qu'il
« y précipita ses pas. Il y fut fort mal reçu de
« Saturne, qui régnoit pour lors; mais ce dieu
« ayant quitté la terre, il s'avisa d'aller dans tous
« les carrefours, où il crioit sans cesse d'une voix
« rauque : Peuples de Bétique, vous croyez être
« riches parce que vous avez de l'or et de l'ar-
« gent; votre erreur me fait pitié : croyez-moi,
« quittez le pays des vils métaux; venez dans
« l'empire de l'imagination; et je vous promets
« des richesses qui vous étonneront vous-mêmes.
« Aussitôt il ouvrit une grande partie des outres
« qu'il avoit apportées, et il distribua de sa mar-
« chandise à qui en voulut.

« Le lendemain il revint dans les mêmes car-
« refours, et il s'écria : Peuples de Bétique, vou-
« lez-vous être riches ? Imaginez-vous que je le
« suis beaucoup, et que vous l'êtes beaucoup
« aussi; mettez-vous tous les matins dans l'esprit
« que votre fortune a doublé pendant la nuit;
« levez-vous ensuite; et, si vous avez des créan-
« ciers, allez les payer de ce que vous aurez ima-
« giné; et dites-leur d'imaginer à leur tour.

« Il reparut quelques jours après, et il parla
« ainsi : Peuples de Bétique, je vois bien que vo-
« tre imagination n'est pas si vive que les pre-
« miers jours; laissez-vous conduire à la mienne;
« je mettrai tous les matins devant vos yeux un
« écriteau qui sera pour vous la source des ri-
« chesses : vous n'y verrez que quatre paroles;
« mais elles seront bien significatives, car elles
« régleront la dot de vos femmes, la légitime de
« vos enfants, le nombre de vos domestiques. Et
« quant à vous, dit-il à ceux de la troupe qui
« étoient le plus près de lui; quant à vous, mes
« chers enfants (je puis vous appeler de ce nom,
« car vous avez reçu de moi une seconde nais-
« sance), mon écriteau décidera de la magnifi-
« cence de vos équipages, de la somptuosité de
« vos festins, du nombre et de la pension de vos
« maîtresses.

« A quelques jours de là il arriva dans le carre-
« four, tout essoufflé; et, transporté de colère, il
« s'écria : Peuples de Bétique, je vous avois con-
« seillé d'imaginer, et je vois que vous ne le fai-
« tes pas : eh bien ! à présent je vous l'ordonne.
« Là-dessus, il les quitta brusquement; mais la
« réflexion le rappela sur ses pas. J'apprends que
« quelques-uns de vous sont assez détestables

« pour conserver leur or et leur argent. Encore
« passe pour l'argent ; mais pour de l'or.... pour
« de l'or... Ah ! cela me met dans une indigna-
« tion... Je jure par mes outres sacrées que, s'ils
« ne viennent me l'apporter, je les punirai sévère-
« ment. Puis il ajouta d'un air tout à fait persua-
« sif : Croyez-vous que ce soit pour garder ces
« misérables métaux que je vous les demande ?
« Une marque de ma candeur, c'est que, lorsque
« vous me les apportâtes il y a quelques jours, je
« vous en rendis sur-le-champ la moitié.

« Le lendemain on l'aperçut de loin, et on le
« vit s'insinuer avec une voix douce et flatteuse :
« Peuples de Bétique, j'apprends que vous avez
« une partie de vos trésors dans les pays étran-
« gers ; je vous prie, faites-les-moi venir ; vous me
« ferez plaisir, et je vous en aurai une reconnois-
« sance éternelle.

« Le fils d'Éole parloit à des gens qui n'avoient
« pas grande envie de rire ; ils ne purent pour-
« tant s'en empêcher : ce qui fit qu'il s'en retour-
« na bien confus. Mais, reprenant courage, il ha-
« sarda encore une petite prière : je sais que vous
« avez des pierres précieuses ; au nom de Jupi-
« ter, défaites-vous-en : rien ne vous appauvrit
« comme ces sortes de choses ; défaites-vous-en,
« vous dis-je : si vous ne le pouvez pas par vous-
« mêmes, je vous donnerai des hommes d'affaires
« excellents. Que de richesses vont couler chez
« vous, si vous faites ce que je vous conseille !
« Oui, je vous promets tout ce qu'il y aura de plus
« pur dans mes outres.

« Enfin il monta sur un tréteau, et, prenant
« une voix plus assurée, il dit : Peuples de Béti-
« que, j'ai comparé l'heureux état dans lequel

« vous êtes, avec celui où je vous trouvai lorsque
« j'arrivai ici ; je vous vois le plus riche peuple
« de la terre : mais, pour achever votre fortune,
« souffrez que je vous ôte la moitié de vos biens.
« A ces mots, d'une aile légère le fils d'Éole dis-
« parut, et laissa ses auditeurs dans une conster-
« nation inexprimable ; ce qui fit qu'il revint le
« lendemain, et parla ainsi : Je m'aperçus hier
« que mon discours vous déplut extrêmement.
« Eh bien ! prenez que je ne vous aie rien dit. Il
« n'y a qu'à prendre d'autres expédients pour ar-
« river au but que je me suis proposé. Assem-
« blons nos richesses dans un même endroit ;
« nous le pouvons facilement, car elles ne tien-
« nent pas un gros volume. Aussitôt il en dispa-
« rut les trois quarts. »

<p style="text-align:center">De Paris, le 9 de la lune de Chahban, 1720.</p>

LETTRE CXLIII.

RICA A NATHANAEL LÉVI, MÉDECIN JUIF.

A Livourne.

Tu me demandes ce que je pense de la vertu des amulettes, et de la puissance des talismans. Pourquoi t'adresses-tu à moi ? tu es Juif, et je suis mahométan : c'est-à-dire que nous sommes tous deux bien crédules.

Je porte toujours sur moi plus de deux mille passages du saint Alcoran ; j'attache à mes bras

un petit paquet, où sont écrits les noms de plus de deux cents dervis : ceux d'Ali, de Fatmé, et de tous les Purs, sont cachés en plus de vingt endroits de mes habits.

Cependant je ne désapprouve point ceux qui rejettent cette vertu que l'on attribue à de certaines paroles : il nous est bien plus difficile de répondre à leurs raisonnements, qu'à eux de répondre à nos expériences.

Je porte tous ces chiffons sacrés par une longue habitude, pour me conformer à une pratique universelle : je crois que, s'ils n'ont pas plus de vertu que les bagues et les autres ornements dont on se pare, ils n'en ont pas moins. Mais toi, tu mets toute ta confiance sur quelques lettres mystérieuses, et, sans cette sauvegarde, tu serois dans un effroi continuel.

Les hommes sont bien malheureux ! ils flottent sans cesse entre de fausses espérances et des craintes ridicules : et, au lieu de s'appuyer sur la raison, ils se font des monstres qui les intimident, ou des fantômes qui les séduisent.

Quel effet veux-tu que produise l'arrangement de certaines lettres ? Quel effet veux-tu que leur dérangement puisse troubler ? quelle relation ont-elles avec les vents, pour apaiser les tempêtes ; avec la poudre à canon, pour en vaincre l'effort ; avec ce que les médecins appellent l'humeur peccante et la cause morbifique des maladies, pour les guérir ?

Ce qu'il y a d'extraordinaire, c'est que ceux qui fatiguent leur raison pour lui faire rapporter de certains événements à des vertus occultes, n'ont pas un moindre effort à faire pour s'empêcher d'en voir la véritable cause.

Tu me diràs que de certains prestiges ont fait gagner une bataille : et moi je te dirai qu'il faut que tu t'aveugles, pour ne pas trouver dans la situation du terrain, dans le nombre ou dans le courage des soldats, dans l'expérience des capitaines, des causes suffisantes pour produire cet effet dont tu veux ignorer la cause.

Je te passe pour un moment qu'il y ait des prestiges : passe-moi à mon tour, pour un moment, qu'il n'y en ait point; car cela n'est pas impossible. Cette concession que tu me fais n'empêche pas que deux armées ne puissent se battre : veux-tu que, dans ce cas-là, aucune des deux ne puisse remporter la victoire ?

Crois-tu que leur sort restera incertain jusqu'à ce que quelque puissance invisible vienne le déterminer? que tous les coups seront perdus, toute la prudence vaine, et tout le courage inutile ?

Penses-tu que la mort, dans ces occasions, rendue présente de mille manières, ne puisse pas produire dans les esprits ces terreurs paniques que tu as tant de peine à expliquer? Veux-tu que, dans une armée de cent mille hommes, il ne puisse pas y avoir un seul homme timide? Crois-tu que le découragement de celui-ci ne puisse pas produire le découragement d'un autre? que le second, qui quitte un troisième, ne lui fasse pas bientôt abandonner un quatrième? Il n'en faut pas davantage pour que le désespoir de vaincre saisisse soudain toute une armée, et la saisisse d'autant plus facilement qu'elle se trouve plus nombreuse.

Tout le monde sait, et tout le monde sent, que les hommes, comme toutes les créatures qui tendent à conserver leur être, aiment passionnément

la vie; on sait cela en général : et on cherche pourquoi, dans une certaine occasion particulière, ils ont craint de la perdre?

Quoique les livres sacrés de toutes les nations soient remplis de ces terreurs paniques ou surnaturelles, je n'imagine rien de si frivole, parce que, pour s'assurer qu'un effet qui peut être produit par cent mille causes naturelles est surnaturel, il faut avoir auparavant examiné si aucune de ces causes n'a agi; ce qui est impossible.

Je ne t'en dirai pas davantage, Nathanaël : il me semble que la matière ne mérite pas d'être si sérieusement traitée.

De Paris, le 20 de la lune de Chahban, 1720.

P. S. Comme je finissois, j'ai entendu crier dans la rue une lettre d'un médecin de province à un médecin de Paris (car ici toutes les bagatelles s'impriment, se publient, et s'achètent) : j'ai cru que je ferois bien de te l'envoyer, parce qu'elle a du rapport à notre sujet. Il y a bien des choses que je n'entends pas : mais toi, qui es médecin, tu dois entendre le langage de tes confrères.

LETTRE D'UN MÉDECIN DE PROVINCE

A UN MÉDECIN DE PARIS.

Il y avoit dans notre ville un malade qui ne dormoit point depuis trente-cinq jours : son médecin lui ordonna l'opium; mais il ne pouvoit se résoudre à le prendre; et il avoit la coupe à la main, qu'il étoit plus indéterminé que jamais.

Enfin il dit à son médecin : Monsieur, je vous demande quartier seulement jusqu'à demain : je connois un homme qui n'exerce pas la médecine, mais qui a chez lui un nombre innombrable de remèdes contre l'insomnie; souffrez que je l'envoie quérir : et, si je ne dors pas cette nuit, je vous promets que je reviendrai à vous. Le médecin congédié, le malade fit fermer les rideaux, et dit à un petit laquais : Tiens, va-t'en chez M. Anis, et dis-lui qu'il vienne me parler. M. Anis arrive. Mon cher monsieur Anis, je me meurs, je ne puis dormir: n'auriez-vous point, dans votre boutique, la C. du G., ou bien quelque livre de dévotion composé par un révérend père jésuite, que vous n'ayez pas pu vendre? car souvent les remèdes les plus gardés sont les meilleurs. Monsieur, dit le libraire, j'ai chez moi la Cour sainte du P. Caussin, en six volumes, à votre service : je vais vous l'envoyer ; je souhaite que vous vous en trouviez bien. Si vous voulez les œuvres du révérend père Rodriguez, jésuite espagnol, ne vous en faites faute. Mais, croyez-moi, tenons-nous-en au père Caussin ; j'espère, avec l'aide de Dieu, qu'une période du père Caussin vous fera autant d'effet qu'un feuillet tout entier de la C. du G. Là-dessus M. Anis sortit, et courut chercher le remède à sa boutique. La Cour sainte arrive : on en secoue la poudre ; le fils du malade, jeune écolier, commence à la lire : il en sentit le premier l'effet, à la seconde page il ne prononçoit plus que d'une voix mal articulée, et déjà toute la compagnie se sentoit affoiblie : un instant après tout ronfla, excepté le malade, qui après avoir été longtemps éprouvé, s'assoupit à la fin.

Le médecin arrive de grand matin. Hé bien !

a-t-on pris mon opium? On ne lui répond rien : la femme, la fille, le petit garçon, tous transportés de joie, lui montrent le père Caussin. Il demande ce que c'est; on lui dit : Vive le père Caussin ! il faut l'envoyer relier. Qui l'eût dit? qui l'eût cru? c'est un miracle! Tenez, monsieur, voyez donc le père Caussin : c'est ce volume-là qui a fait dormir mon père. Et là-dessus on lui expliqua la chose, comme elle s'étoit passée.

Le médecin étoit un homme subtil, rempli des mystères de la cabale, et de la puissance des paroles et des esprits : cela le frappa ; et, après plusieurs réflexions, il résolut de changer absolument sa pratique. Voilà un fait bien singulier, disoit-il. Je tiens une expérience; il faut la pousser plus loin. Hé pourquoi un esprit ne pourroit-il pas transmettre à son ouvrage les mêmes qualités qu'il a lui-même? ne le voyons-nous pas tous les jours? Au moins cela vaut-il bien la peine de l'essayer. Je suis las des apothicaires ; leurs sirops, leurs juleps, et toutes les drogues galéniques ruinent les malades et leur santé : changeons de méthode ; éprouvons la vertu des esprits. Sur cette idée il dressa une nouvelle pharmacie, comme vous allez voir par la description que je vous vais faire des principaux remèdes qu'il mit en pratique.

Tisane purgative.

Prenez trois feuilles de la logique d'Aristote en grec; deux feuilles d'un traité de théologie scholastique le plus aigu, comme, par exemple, du subtil Scot; quatre de Paracelse; une d'Avicenne; six d'Averroès; trois de Porphyre; autant

de Plotin ; autant de Jamblique : faites infuser le tout pendant vingt-quatre heures, et prenez-en quatre prises par jour.

Purgatif plus violent.

Prenez dix A*** du C*** concernant la B*** et la C*** des I*** ; faites-les distiller au bain-marie ; mortifiez une goutte de l'humeur âcre et piquante qui en viendra, dans un verre d'eau commune : avalez le tout avec confiance.

Vomitif.

Prenez six harangues ; une douzaine d'oraisons funèbres indifféremment, prenant garde pourtant de ne point se servir de celles de M. de N. ; un recueil de nouveaux opéras ; cinquante romans ; trente mémoires nouveaux : mettez le tout dans un matras ; laissez-le en digestion pendant deux jours ; puis faites-le distiller au feu de sable. Et si tout cela ne suffit pas,

Autre plus puissant.

Prenez une feuille de papier marbré, qui ait servi à couvrir un recueil des pièces des J. F. ; faites-la infuser l'espace de trois minutes ; faites chauffer une cuillerée de cette infusion ; et avalez.

Remède très-simple pour guérir de l'asthme.

Lisez tous les ouvrages du révérend père Maimbourg, ci-devant jésuite, prenant garde de ne vous

arrêter qu'à la fin de chaque période : et vous sentirez la faculté de respirer vous revenir peu à peu, sans qu'il soit besoin de réitérer le remède.

Pour préserver de la gale, gratelle, teigne, farcin des chevaux.

Prenez trois catégories d'Aristote, deux degrés métaphysiques, une distinction, six vers de Chapelain, une phrase tirée des lettres de M. l'abbé de Saint-Cyran : écrivez le tout sur un morceau de papier, que vous plierez, attacherez à un ruban, et porterez au col.

Miraculum chymicum, de violenta fermentatione cum fumo, igne et flammâ.

Misce Quesnellianam infusionem, cum infusione Lallemaniana ; fiat fermentatio cum magna vi, impetu et tonitru, acidis pugnantibus, et invicem penetrantibus alcalinos sales : fiet evaporatio ardentium spirituum. Pone liquorem fermentatum in alembico : nihil inde extrahes, et nihil invenies, nisi caput mortuum.

Lenitivum.

Recipe Molinæ anodyni chartas duas ; Escobaris relaxativi paginas sex ; Vasquii emollientis folium unum : infunde in aquæ communis libras iiij. Ad consumptionem dimidiæ partis colentur et exprimantur ; et in expressione dissolve Bauni detersivi et Tamburini abluentis folia iij.
Fiat clyster.

In chlorosim, quam vulgus pallidos-colores, aut febrim-amatoriam, appellat.

Recipe Aretini figuras quatuor ; R. Thomæ Sanchii de matrimonio folia ij. Infundantur in aquæ communis libras quinque.

Fiat ptisana aperiens.

Voilà les drogues que notre médecin mit en pratique, avec un succès imaginable. Il ne vouloit pas, disoit-il, pour ne pas ruiner ses malades, employer des remèdes rares, et qui ne se trouvent presque point : comme, par exemple, une épître dédicatoire qui n'ait fait bâiller personne ; une préface trop courte ; un mandement fait par un évêque ; et l'ouvrage d'un janséniste méprisé par un janséniste, ou bien admiré par un jésuite. Il disoit que ces sortes de remèdes ne sont propres qu'à entretenir la charlatanerie, contre laquelle il avoit une antipathie insurmontable.

LETTRE CXLIV.

USBEK A RICA.

Je trouvai, il y a quelques jours, dans une maison de campagne où j'étois allé, deux savants qui ont ici une grande célébrité. Leur caractère me parut admirable. La conversation du premier, bien appréciée, se réduisoit a ceci : Ce que j'ai dit est vrai, parce que je l'ai dit. La conversation du

second portoit sur autre chose : Ce que je n'ai pas dit n'est pas vrai, parce que je ne l'ai pas dit.

J'aimois assez le premier : car qu'un homme soit opiniâtre, cela ne me fait absolument rien ; mais qu'il soit impertinent, cela me fait beaucoup. Le premier défend ses opinions ; c'est son bien ; le second attaque les opinions des autres ; et c'est le bien de tout le monde.

Oh, mon cher Usbek, que la vanité sert mal ceux qui en ont une dose plus forte que celle qui est nécessaire pour la conservation de la nature ! Ces gens-là veulent être admirés à force de déplaire. Ils cherchent à être supérieurs ; et ils ne sont pas seulement égaux.

Hommes modestes, venez, que je vous embrasse. Vous faites la douceur et le charme de la vie. Vous croyez que vous n'avez rien ; et moi je vous dis que vous avez tout. Vous pensez que vous n'humiliez personne ; et vous humiliez tout le monde. Et, quand je vous compare dans mon idée avec ces hommes absolus que je vois partout, je les précipite de leur tribunal, et je les mets à vos pieds.

De Paris, le 22 de la lune de Chahban, 1720.

LETTRE CXLV.

USBEK A ***.

Un homme d'esprit est ordinairement difficile dans les sociétés. Il choisit peu de personnes ; il s'ennuie avec tout ce grand nombre de gens qu'il

lui plaît appeler mauvaise compagnie ; il est impossible qu'il ne fasse un peu sentir son dégoût : autant d'ennemis.

Sûr de plaire quand il voudra, il néglige très-souvent de le faire.

Il est porté à la critique, parce qu'il voit plus de choses qu'un autre, et les sent mieux.

Il ruine presque toujours sa fortune, parce que son esprit lui fournit pour cela un plus grand nombre de moyens.

Il échoue dans ses entreprises, parce qu'il hasarde beaucoup. Sa vue, qui se porte toujours loin, lui fait voir des objets qui sont à de trop grandes distances. Sans compter que, dans la naissance d'un projet, il est moins frappé des difficultés qui viennent de la chose, que des remèdes qui sont de lui, et qu'il tire de son propre fonds.

Il néglige les menus détails, dont dépend cependant la réussite de presque toutes les grandes affaires.

L'homme médiocre, au contraire, cherche à tirer parti de tout : il sent bien qu'il n'a rien à perdre en négligences.

L'approbation universelle est plus ordinairement pour l'homme médiocre. On est charmé de donner à celui-ci, on est enchanté d'ôter à celui-là. Pendant que l'envie fond sur l'un, et qu'on ne lui pardonne rien, on supplée tout en faveur de l'autre : la vanité se déclare pour lui.

Mais, si un homme d'esprit a tant de désavantages, que dirons-nous de la dure condition des savants ?

Je n'y pense jamais que je ne me rappelle une lettre d'un d'eux à un de ses amis. La voici.

« Monsieur,

« Je suis un homme qui m'occupe, toutes les
« nuits, à regarder, avec des lunettes de trente
« pieds, ces grands corps qui roulent sur nos
« têtes ; et quand je veux me délasser, je prends
« mes petits microscopes, et j'observe un ciron
« ou une mite.

« Je ne suis point riche, et je n'ai qu'une seule
« chambre : je n'ose même y faire du feu, parce
« que j'y tiens mon thermomètre, et que la cha-
« leur étrangère le feroit hausser. L'hiver dernier,
« je pensai mourir de froid ; et quoique mon ther-
« momètre, qui étoit au plus bas degré, m'avertît
« que mes mains alloient se geler, je ne me dé-
« rangeai point ; et j'ai la consolation d'être ins-
« truit exactement des changements de temps les
« plus insensibles de toute l'année passée.

« Je me communique fort peu : et, de tous les
« gens que je vois, je n'en connois aucun. Mais
« il y a un homme à Stockholm, un autre à Leip-
« sick, un autre à Londres, que je n'ai jamais vus,
« et que je ne verrai sans doute jamais, avec les-
« quels j'entretiens une correspondance si exacte,
« que je ne laisse pas passer un courrier sans leur
« écrire.

« Mais, quoique je ne connoisse personne dans
« mon quartier, je suis dans une si mauvaise ré-
« putation, que je serai, à la fin, obligé de le quit-
« ter. Il y a cinq ans que je fus rudement insulté
« par une de mes voisines, pour avoir fait la dis-
« section d'un chien qu'elle prétendoit lui appar-
« tenir. La femme d'un boucher, qui se trouva
« là, se mit de la partie ; et, pendant que celle-là

« m'accabloit d'injures, celle-ci m'assommoit à
« coups de pierres, conjointement avec le doc-
« teur ***, qui étoit avec moi, et qui reçut un
« coup terrible sur l'os frontal et occipital, dont
« le siége de sa raison fut très-ébranlé.

« Depuis ce temps-là, dès qu'il s'écarte quelque
« chien au bout de la rue, il est aussitôt décidé
« qu'il a passé par mes mains. Une bonne bour-
« geoise qui en avoit perdu un petit, qu'elle ai-
« moit, disoit-elle, plus que ses enfants, vint
« l'autre jour s'évanouir dans ma chambre ; et, ne
« le trouvant pas, elle me cita devant le magis-
« trat. Je crois que je ne serai jamais délivré de
« la malice importune de ces femmes qui, avec
« leurs voix glapissantes, m'étourdissent sans
« cesse de l'oraison funèbre de tous les automates
« qui sont morts depuis dix ans.

« Je suis, etc. »

Tous les savants étoient autrefois accusés de magie. Je n'en suis point étonné. Chacun disoit en lui-même : j'ai porté les talents naturels aussi loin qu'ils peuvent aller ; cependant un certain savant a des avantages sur moi : il faut bien qu'il y ait là quelque diablerie.

A présent que ces sortes d'accusations sont tombées dans le décri, on a pris un autre tour ; et un savant ne sauroit guère éviter le reproche d'irréligion ou d'hérésie. Il a beau être absous par le peuple : la plaie est faite ; elle ne se fermera jamais bien. C'est toujours pour lui un endroit malade. Un adversaire viendra, trente ans après, lui dire modestement : A Dieu ne plaise que je dise que ce dont on vous accuse soit vrai ! mais vous

avez été obligé de vous défendre. C'est ainsi qu'on tourne contre lui sa justification même.

S'il écrit quelque histoire, et qu'il ait de la noblesse dans l'esprit, et quelque droiture dans le cœur, on lui suscite mille persécutions. On ira contre lui soulever le magistrat sur un fait qui s'est passé il y a mille ans. Et on voudra que sa plume soit captive, si elle n'est pas vénale.

Plus heureux cependant que ces hommes lâches, qui abandonnent leur foi pour une médiocre pension; qui, à prendre toutes leurs impostures en détail, ne les vendent pas seulement une obole; qui renversent la constitution de l'empire, diminuent les droits d'une puissance, augmentent ceux d'une autre, donnent aux princes, ôtent aux peuples, font revivre des droits surannés, flattent les passions qui sont en crédit de leur temps, et les vices qui sont sur le trône, imposant à la postérité, d'autant plus indignement qu'elle a moins de moyens de détruire leur témoignage.

Mais ce n'est point assez, pour un auteur, d'avoir essuyé toutes ces insultes; ce n'est point assez pour lui d'avoir été dans une inquiétude continuelle sur le succès de son ouvrage. Il voit le jour enfin, cet ouvrage qui lui a tant coûté. Il lui attire des querelles de toutes parts. Et comment les éviter? Il avoit un sentiment; il l'a soutenu par ses écrits: il ne savoit pas qu'un homme, à deux cents lieues de lui, avoit dit tout le contraire. Voilà cependant la guerre qui se déclare.

Encore s'il pouvoit espérer d'obtenir quelque considération! Non. Il n'est tout au plus estimé que de ceux qui se sont appliqués au même genre de science que lui. Un philosophe a un mépris souverain pour un homme qui a la tête chargée de

faits ; et il est, à son tour, regardé comme un visionnaire par celui qui a une bonne mémoire.

Quant à ceux qui font profession d'une orgueilleuse ignorance, ils voudroient que tout le genre humain fût enseveli dans l'oubli où ils seront eux-mêmes.

Un homme à qui il manque un talent se dédommage en le méprisant : il ôte cet obstacle qu'il rencontroit entre le mérite et lui ; et, par là, se trouve au niveau de celui dont il redoute les travaux.

Enfin, il faut joindre, à une réputation équivoque, la privation des plaisirs et la perte de la santé.

De Paris, le 20 de la lune de Chahban 1720.

LETTRE CXLVI.

USBEK A RHÉDI.

A Venise.

Il y a longtemps que l'on a dit que la bonne foi étoit l'âme d'un grand ministre.

Un particulier peut jouir de l'obscurité où il se trouve ; il ne se décrédite que devant quelques gens ; il se tient couvert devant les autres : mais un ministre qui manque à la probité a autant de témoins, autant de juges, qu'il y a de gens qu'il gouverne.

Oserai-je le dire ? le plus grand mal que fait un

ministre sans probité n'est pas de desservir son prince et de ruiner son peuple : il y en a un autre, à mon avis, mille fois plus dangereux ; c'est le mauvais exemple qu'il donne.

Tu sais que j'ai longtemps voyagé dans les Indes. J'y ai vu une nation, naturellement généreuse, pervertie en un instant, depuis le dernier des sujets jusqu'aux plus grands, par le mauvais exemple d'un ministre : j'y ai vu tout un peuple, chez qui la générosité, la probité, la candeur et la bonne foi ont passé de tout temps pour les qualités naturelles, devenir tout à coup le dernier des peuples ; le mal se communiquer, et n'épargner pas même les membres les plus sains ; les hommes les plus vertueux faire des choses indignes ; et violer, dans toutes les occasions de leur vie, les premiers principes de la justice, sur ce vain prétexte qu'on la leur avoit violée.

Ils appeloient des lois odieuses en garantie des actions les plus lâches ; et nommoient nécessité l'injustice et la perfidie.

J'ai vu la foi des contrats bannie, les plus saintes conventions anéanties, toutes les lois des familles renversées. J'ai vu des débiteurs avares, fiers d'une insolente pauvreté, instruments indignes de la fureur des lois et de la rigueur des temps, feindre un payement au lieu de le faire, et porter le couteau dans le sein de leurs bienfaiteurs.

J'en ai vu d'autres, plus indignes encore, acheter presque pour rien, ou plutôt ramasser de terre des feuilles de chêne, pour les mettre à la place de la substance des veuves et des orphelins.

J'ai vu naître soudain, dans tous les cœurs, une soif insatiable des richesses J'ai vu se former

en un moment une détestable conjuration de s'enrichir, non par un honnête travail et une généreuse industrie, mais par la ruine du prince, de l'État et des concitoyens.

J'ai vu un honnête citoyen, dans ces temps malheureux, ne se coucher qu'en disant : J'ai ruiné une famille aujourd'hui ; j'en ruinerai une autre demain.

Je vais, disoit un autre, avec un homme noir qui porte une écritoire à la main et un fer pointu à l'oreille, assassiner tous ceux à qui j'ai de l'obligation.

Un autre disoit : Je vois que j'accommode mes affaires : il est vrai que, lorsque j'allai, il y a trois jours, faire un certain payement, je laissai toute une famille en larmes, que je dissipai la dot de deux honnêtes filles, que j'ôtai l'éducation à un petit garçon ; le père en mourra de douleur, la mère périt de tristesse : mais je n'ai fait que ce qui est permis par la loi.

Quel plus grand crime que celui que commet un ministre, lorsqu'il corrompt les mœurs de toute une nation, dégrade les âmes les plus généreuses, ternit l'éclat des dignités, obscurcit la vertu même, et confond la plus haute naissance dans le mépris universel ?

Que dira la postérité, lorsqu'il lui faudra rougir de la honte de ses pères ? Que dira le peuple naissant, lorsqu'il comparera le fer de ses aïeux avec l'or de ceux à qui il doit immédiatement le jour ? Je ne doute pas que les nobles ne retranchent de leurs quartiers un indigne degré de noblesse qui les déshonore, et ne laissent la génération présente dans l'affreux néant où elle s'est mise.

De Paris, le 11 de la lune de Rhamazan, 1720.

LETTRE CXLVII.

LE GRAND EUNUQUE A USBEK.

A Paris.

Les choses sont venues à un état qui ne se peut plus soutenir : tes femmes se sont imaginé que ton départ leur laissoit une impunité entière ; il se passe ici des choses horribles : je tremble moi-même au cruel récit que je vais te faire.

Zélis, allant il y a quelques jours à la mosquée, laissa tomber son voile, et parut presque à visage découvert devant tout le peuple.

J'ai trouvé Zachi couchée avec une de ses esclaves ; chose si défendue par les lois du sérail.

J'ai surpris, par le plus grand hasard du monde, une lettre que je t'envoie : je n'ai jamais pu découvrir à qui elle étoit adressée.

Hier au soir, un jeune garçon fut trouvé dans le jardin du sérail, et il se sauva par-dessus les murailles.

Ajoute à cela ce qui n'est pas parvenu à ma connoissance ; car sûrement tu es trahi. J'attends tes ordres : et, jusqu'à l'heureux moment que je les recevrai, je vais être dans une situation mortelle. Mais, si tu ne mets toutes ces femmes à ma discrétion, je ne te réponds d'aucune d'elles, et j'aurai tous les jours des nouvelles aussi tristes à te mander.

Du sérail d'Ispahan, le 1er de la lune de Rhégeb, 1717.

LETTRE CXLVIII.

USBEK AU PREMIER EUNUQUE.

Au sérail d'Ispahan.

Recevez par cette lettre un pouvoir sans bornes sur tout le sérail : commandez avec autant d'autorité que moi-même ; que la crainte et la terreur marchent avec vous ; courez d'appartements en appartements porter les punitions et les châtiments ; que tout vive dans la consternation, que tout fonde en larmes devant vous ; interrogez tout le sérail ; commencez par les esclaves ; n'épargnez pas mon amour ; que tout subisse votre tribunal redoutable ; mettez au jour les secrets les plus cachés ; purifiez ce lieu infâme ; et faites-y rentrer la vertu bannie. Car, dès ce moment, je mets sur votre tête les moindres fautes qui se commettront. Je soupçonne Zélis d'être celle à qui la lettre que vous avez surprise s'adressoit : examinez cela avec des yeux de lynx.

De ***, le 11 de la lune de Zilhagé, 1718.

LETTRE CXLIX.

NARSIT A USBEK.

A Paris.

Le grand eunuque vient de mourir, magnifique seigneur : comme je suis le plus vieux de tes

esclaves, j'ai pris sa place, jusques à ce que tu aies fait connoître sur qui tu veux jeter les yeux.

Deux jours après sa mort, on m'apporta une de tes lettres qui lui étoit adressée : je me suis bien gardé de l'ouvrir ; je l'ai enveloppée avec respect, et l'ai serrée, jusques à ce que tu m'aies fait connoître tes sacrées volontés.

Hier, un esclave vint, au milieu de la nuit, me dire qu'il avoit trouvé un jeune homme dans le sérail : je me levai, j'examinai la chose, et je trouvai que c'étoit une vision.

Je te baise les pieds, sublime seigneur ; et je te prie de compter sur mon zèle, mon expérience et ma vieillesse.

Du sérail d'Ispahan, le 5 de la lune de Gemmadi 1, 1718.

LETTRE CL.

USBEK A NARSIT.

Au sérail d'Ispahan.

MALHEUREUX que vous êtes, vous avez dans vos mains des lettres qui contiennent des ordres prompts et violents ; le moindre retardement peut me désespérer : et vous demeurez tranquille sous un vain prétexte !

Il se passe des choses horribles : j'ai peut-être la moitié de mes esclaves qui méritent la mort. Je vous envoie la lettre que le premier eunuque m'écrivit là-dessus avant de mourir. Si vous aviez

ouvert le paquet qui lui est adressé, vous y auriez trouvé des ordres sanglants. Lisez-les donc ces ordres : et vous périrez, si vous ne les exécutez pas.

De ***, le 25 de la lune de Chalval, 1718.

LETTRE CLI.

SOLIM A USBEK.

A Paris.

Si je gardois plus longtemps le silence, je serois aussi coupable que tous ces criminels que tu as dans le sérail.

J'étois le confident du grand eunuque, le plus fidèle de tes esclaves. Lorsqu'il se vit près de sa fin, il me fit appeler, et me dit ces paroles : Je me meurs ; mais le seul chagrin que j'aie en quittant la vie, c'est que mes derniers regards aient trouvé les femmes de mon maître criminelles. Le ciel puisse le garantir de tous les malheurs que je prévois ! puisse, après ma mort, mon ombre menaçante venir avertir ces perfides de leur devoir, et les intimider encore ! Voilà les clefs de ces redoutables lieux ; va les porter au plus vieux des noirs. Mais si, après ma mort, il manque de vigilance, songe à en avertir ton maître. En achevant ces mots, il expira dans mes bras.

Je sais ce qu'il t'écrivit, quelque temps avant sa mort, sur la conduite de tes femmes : il y a

dans le sérail une lettre qui auroit porté la terreur avec elle, si elle avoit été ouverte ; celle que tu as écrite depuis a été surprise à trois lieues d'ici : je ne sais ce que c'est, tout se tourne malheureusement.

Cependant tes femmes ne gardent plus aucune retenue : depuis la mort du grand eunuque, il semble que tout leur soit permis ; la seule Roxane est restée dans le devoir, et conserve de la modestie. On voit les mœurs se corrompre tous les jours. On ne trouve plus sur le visage de tes femmes cette vertu mâle et sévère qui y régnoit autrefois : une joie nouvelle, répandue dans ces lieux, est un témoignage infaillible, selon moi, de quelque satisfaction nouvelle ; dans les plus petites choses, je remarque des libertés jusqu'alors inconnues. Il règne, même parmi tes esclaves, une certaine indolence pour leur devoir et pour l'observation des règles, qui me surprend ; ils n'ont plus ce zèle ardent pour ton service, qui sembloit animer tout le sérail.

Tes femmes ont été huit jours à la campagne, à une de tes maisons les plus abandonnées. On dit que l'esclave qui en a soin a été gagné ; et qu'un jour avant qu'elles arrivassent, il avoit fait cacher deux hommes dans un réduit de pierre qui est dans la muraille de la principale chambre, d'où ils sortoient le soir lorsque nous étions retirés. Le vieux eunuque, qui est à présent à notre tête, est un imbécile, à qui l'on fait croire tout ce qu'on veut.

Je suis agité d'une colère vengeresse contre tant de perfidies : et si le ciel vouloit, pour le bien de ton service, que tu me jugeasses capable de gouverner, je te promets que, si tes

femmes n'étoient pas vertueuses, au moins elles seroient fidèles.

<p style="text-align:center">Du sérail d'Ispahan, le 6 de la lune de Rebiab 1, 1719.</p>

LETTRE CLII.

NARSIT A USBEK.

A Paris.

Roxane et Zélis ont souhaité d'aller à la campagne; je n'ai pas cru devoir le leur refuser. Heureux Usbek! tu as des femmes fidèles et des esclaves vigilants : je commande en des lieux où la vertu semble s'être choisi un asile. Compte qu'il ne s'y passera rien que tes yeux ne puissent soutenir.

Il est arrivé un malheur qui me met en grande peine. Quelques marchands arméniens, nouvellement arrivés à Ispahan, avoient apporté une de tes lettres pour moi ; j'ai envoyé un esclave pour la chercher; il a été volé à son retour, de manière que la lettre est perdue. Écris-moi donc promptement ; car je m'imagine que, dans ce changement, tu dois avoir des choses de conséquence à me mander.

<p style="text-align:center">Du sérail de Fatmé, le 6 de la lune de Rebiab 1, 1719.</p>

LETTRE CLIII.

USBEK A SOLIM.

Au sérail d'Ispahan.

Je te mets le fer à la main. Je te confie ce que j'ai à présent dans le monde de plus cher, qui est ma vengeance. Entre dans ce nouvel emploi : mais n'y porte ni cœur ni pitié. J'écris à mes femmes de t'obéir aveuglément : dans la confusion de tant de crimes, elles tomberont devant tes regards. Il faut que je te doive mon bonheur et mon repos : rends-moi mon sérail comme je l'ai laissé. Mais commence par l'expier ; extermine les coupables, et fais trembler ceux qui se proposoient de le devenir. Que ne peux-tu pas espérer de ton maître pour des services si signalés ? Il ne tiendra qu'à toi de te mettre au-dessus de ta condition même, et de toutes les récompenses que tu as jamais désirées.

De Paris, le 4 de la lune de Chahban, 1719.

LETTRE CLIV.

USBEK A SES FEMMES.

Au sérail d'Ispahan.

Puisse cette lettre être comme la foudre qui tombe au milieu des éclairs et des tempêtes !

Solim est votre premier eunuque, non pas pour vous garder, mais pour vous punir. Que tout le sérail s'abaisse devant lui. Il doit juger vos actions passées : et, pour l'avenir, il vous fera vivre sous un joug si rigoureux; que vous regretterez votre liberté, si vous ne regrettez pas votre vertu.

De Paris, le 4 de la lune de Chahban, 1719.

LETTRE CLV.

USBEK A NESSIR.

A Ispahan.

Heureux celui qui, connoissant tout le prix d'une vie douce et tranquille, repose son cœur au milieu de sa famille, et ne connoît d'autre terre que celle qui lui a donné le jour.

Je vis dans un climat barbare, présent à tout ce qui m'importune, absent de tout ce qui m'intéresse. Une tristesse sombre me saisit ; je tombe dans un accablement affreux : il me semble que je m'anéantis ; et je ne me retrouve moi-même que lorsqu'une sombre jalousie vient s'allumer, et enfanter dans mon âme la crainte, les soupçons, la haine et les regrets.

Tu me connois, Nessir ; tu as toujours vu dans mon cœur comme dans le tien : je te ferois pitié, si tu savois mon état déplorable. J'attends quelquefois six mois entiers des nouvelles du sérail ; je compte tous les instants qui s'écoulent ; mon

impatience me les allonge toujours; et lorsque celui qui a été tant attendu est près d'arriver, il se fait dans mon cœur une révolution soudaine; ma main tremble d'ouvrir une lettre fatale; cette inquiétude qui me désespéroit, je la trouve l'état le plus heureux où je puisse être, et je crains d'en sortir par un coup plus cruel pour moi que mille morts.

Mais, quelque raison que j'aie eue de sortir de ma patrie, quoique je doive ma vie à ma retraite, je ne puis plus, Nessir, rester dans cet affreux exil. Et ne mourrois-je pas tout de même en proie à mes chagrins? J'ai pressé mille fois Rica de quitter cette terre étrangère; mais il s'oppose à toutes mes résolutions; il m'attache ici par mille prétextes : il semble qu'il ait oublié sa patrie; ou plutôt il semble qu'il m'ait oublié moi-même, tant il est insensible à mes déplaisirs.

Malheureux que je suis! je souhaite de revoir ma patrie, peut-être pour devenir plus malheureux encore! Eh! qu'y ferai-je? Je vais rapporter ma tête à mes ennemis. Ce n'est pas tout : j'entrerai dans le sérail; il faut que j'y demande compte du temps funeste de mon absence : et si j'y trouve des coupables, que deviendrai-je? Et si la seule idée m'accable de si loin, que sera-ce, lorsque ma présence la rendra plus vive? que sera-ce, s'il faut que je voie, s'il faut que j'entende ce que je n'ose imaginer sans frémir? que sera-ce enfin, s'il faut que des châtiments que je prononcerai moi-même soient des marques éternelles de ma confusion et de mon désespoir?

J'irai m'enfermer dans des murs plus terribles pour moi que pour les femmes qui y sont gardées; j'y porterai tous mes soupçons; leurs

empressements ne m'en déroberont rien; dans mon lit, dans leurs bras, je ne jouirai que de mes inquiétudes; dans un temps si peu propre aux réflexions, ma jalousie trouvera à en faire. Rebut indigne de la nature humaine, esclaves vils dont le cœur a été fermé pour jamais à tous les sentiments de l'amour, vous ne gémiriez plus sur votre condition, si vous connoissiez le malheur de la mienne.

De Paris, le 4 de la lune de Chahban, 1719.

LETTRE CLVI.

ROXANE A USBEK.

A Paris.

L'HORREUR, la nuit et l'épouvante règnent dans le sérail; un deuil affreux l'environne : un tigre y exerce à chaque instant toute sa rage ; il a mis dans les supplices deux eunuques blancs, qui n'ont avoué que leur innocence ; il a vendu une partie de nos esclaves, et nous a obligées de changer entre nous celles qui nous restoient. Zachi et Zélis ont reçu dans leur chambre, dans l'obscurité de la nuit un traitement indigne; le sacrilége n'a pas craint de porter sur elles ses viles mains. Il nous tient enfermées chacune dans notre appartement; et, quoique nous y soyons seules, il nous y fait vivre sous le voile : il ne nous est plus permis de nous parler; ce seroit un crime

de nous écrire : nous n'avons plus rien de libre que les pleurs.

Une troupe de nouveaux eunuques est entrée dans le sérail, où ils nous assiégent nuit et jour : notre sommeil est sans cesse interrompu par leurs méfiances feintes ou véritables. Ce qui me console, c'est que tout ceci ne durera pas long-temps, et que ces peines finiront avec ma vie : elle ne sera pas longue, cruel Usbek! je ne te donnerai pas le temps de faire cesser tous ces outrages.

Du sérail d'Ispahan, le 2 de la lune de Maharram, 1720.

LETTRE CLVII.

ZACHI A USBEK.

A Paris.

O ciel! un barbare m'a outragée jusque dans la manière de me punir! Il m'a infligé ce châtiment qui commence par alarmer la pudeur; ce châtiment qui met dans l'humiliation extrême; ce châtiment qui ramène, pour ainsi dire, à l'enfance.

Mon âme, d'abord anéantie sous la honte, re-prenoit le sentiment d'elle-même, et commençoit à s'indigner, lorsque mes cris firent retentir les voûtes de mes appartements. On m'entendit de-mander grâce au plus vil de tous les humains, et

tenter sa pitié, à mesure qu'il étoit plus inexorable.

Depuis ce temps, son âme insolente et servile s'est élevée sur la mienne. Sa présence, ses regards, ses paroles, tous les malheurs viennent m'accabler. Quand je suis seule, j'ai du moins la consolation de verser des larmes ; mais lorsqu'il s'offre à ma vue, la fureur me saisit ; je la trouve impuissante ; et je tombe dans le désespoir.

Le tigre ose me dire que tu es l'auteur de toutes ces barbaries. Il voudroit m'ôter mon amour, et profaner jusques aux sentiments de mon cœur. Quand il me prononce le nom de celui que j'aime, je ne sais plus me plaindre : je ne puis plus que mourir.

J'ai soutenu ton absence, et j'ai conservé mon amour, par la force de mon amour. Les nuits, les jours, les moments, tout a été pour toi. J'étois superbe de mon amour même ; et le tien me faisoit respecter ici. Mais à présent... Non, je ne puis plus soutenir l'humiliation où je suis descendue. Si je suis innocente, reviens pour m'aimer ; reviens, si je suis coupable, pour que j'expire à tes pieds.

Du sérail d'Ispahan, le 2 de la lune de Maharram, 1720.

LETTRE CLVIII.

ZÉLIS A USBEK.

A Paris.

A mille lieues de moi, vous me jugez coupable : à mille lieues de moi, vous me punissez.

Qu'un eunuque barbare porte sur moi ses viles mains, il agit par votre ordre : c'est le tyran qui m'outrage, et non pas celui qui exerce la tyrannie.

Vous pouvez, à votre fantaisie, redoubler vos mauvais traitements. Mon cœur est tranquille, depuis qu'il ne peut plus vous aimer. Votre âme se dégrade, et vous devenez cruel. Soyez sûr que vous n'êtes point heureux. Adieu.

Du sérail d'Ispahan, le 2 de la lune de Maharram, 1720.

LETTRE CLIX.

SOLIM A USBEK.

A Paris.

Je me plains, magnifique seigneur, et je te plains : jamais serviteur fidèle n'est descendu dans l'affreux désespoir où je suis. Voici tes malheurs et les miens ; je ne t'en écris qu'en tremblant.

Je jure, par tous les prophètes du ciel, que, depuis que tu m'as confié tes femmes, j'ai veillé nuit et jour sur elles ; que je n'ai jamais suspendu un moment le cours de mes inquiétudes. J'ai commencé mon ministère par les châtiments ; et je les ai suspendus, sans sortir de mon austérité naturelle.

Mais que dis-je ? pourquoi te vanter ici une fidélité qui t'a été inutile ? Oublie tous mes services passés ; regarde-moi comme un traître ; et

punis-moi de tous les crimes que je n'ai pu empêcher.

Roxane, la superbe Roxane, ô ciel! à qui se fier désormais? Tu soupçonnois Zachi, et tu avois pour Roxane une sécurité entière; mais sa vertu farouche étoit une cruelle imposture; c'étoit le voile de sa perfidie. Je l'ai surprise dans les bras d'un jeune homme, qui, dès qu'il s'est vu découvert, est venu sur moi; il m'a donné deux coups de poignard; les eunuques, accourus au bruit, l'ont entouré : il s'est défendu longtemps, en a blessé plusieurs; il vouloit même rentrer dans la chambre, pour mourir, disoit-il, aux yeux de Roxane. Mais enfin il a cédé au nombre, et il est tombé à nos pieds.

Je ne sais si j'attendrai, sublime seigneur, tes ordres sévères : tu as mis ta vengeance en mes mains; je ne dois pas la faire languir.

Du sérail d'Ispahan, le 8 de la lune de Rebiab 1, 1720.

LETTRE CLX.

SOLIM A USBEK.

A Paris.

J'AI pris mon parti : tes malheurs vont disparoître; je vais punir.

Je sens déjà une joie secrète; mon âme et la tienne vont s'apaiser : nous allons exterminer le crime, et l'innocence va pâlir.

O vous, qui semblez n'être faites que pour

ignorer tous vos sens et être indignées de vos désirs mêmes ; éternelles victimes de la honte et de la pudeur, que ne puis-je vous faire entrer à grands flots dans ce sérail malheureux, pour vous voir étonnées de tout le sang que j'y vais répandre !

Du sérail d'Ispahan, le 8 de la lune de Rebiab 1, 1720.

LETTRE CLXI.

ROXANE A USBEK.

A Paris.

Oui, je t'ai trompé ; j'ai séduit tes eunuques ; je me suis jouée de ta jalousie ; et j'ai su de ton affreux sérail faire un lieu de délices et de plaisirs.

Je vais mourir ; le poison va couler dans mes veines : car que ferois-je ici, puisque le seul homme qui me retenoit à la vie n'est plus ? Je meurs ; mais mon ombre s'envole bien accompagnée : je viens d'envoyer devant moi ces gardiens sacriléges, qui ont répandu le plus beau sang du monde.

Comment as-tu pensé que je fusse assez crédule, pour m'imaginer que je ne fusse dans le monde que pour adorer tes caprices ? que, pendant que tu te permets tout, tu eusses le droit d'affliger tous mes désirs ? Non : j'ai pu vivre dans la servitude ; mais j'ai toujours été libre : j'ai réformé tes lois sur celles de la nature ; et mon esprit s'est toujours tenu dans l'indépendance.

Tu devrois me rendre grâces encore du sacrifice que je t'ai fait; de ce que je me suis abaissée jusqu'à te paroître fidèle; de ce que j'ai lâchement gardé dans mon cœur ce que j'aurois dû faire paroître à toute la terre; enfin de ce que j'ai profané la vertu en souffrant qu'on appelât de ce nom ma soumission à tes fantaisies.

Tu étois étonné de ne point trouver en moi les transports de l'amour : si tu m'avois bien connue, tu y aurois trouvé toute la violence de la haine.

Mais tu as eu longtemps l'avantage de croire qu'un cœur comme le mien t'étoit soumis. Nous étions tous deux heureux; tu me croyois trompée, et je te trompois.

Ce langage, sans doute, te paroît nouveau. Seroit-il possible qu'après t'avoir accablé de douleurs, je te forçasse encore d'admirer mon courage? Mais c'en est fait, le poison me consume, ma force m'abandonne; la plume me tombe des mains; je sens affoiblir jusqu'à ma haine; je me meurs.

Du sérail d'Ispahan, le 8 de la lune de Rebiab 1, 1720.

FIN DU TOME SECOND.

NOTES ET VARIANTES.

(Voir l'*Index*, pour l'histoire, la religion, la philosophie, le droit public et privé, les mœurs orientales et européennes.)

Lettre LXXXIX (LXXXVI de 1721-1754)

Lettre XCII (quatrième du Supplément de 1754).

Lettre XCIII (LXXXIX de 1721-1754).

Lettre XCVI (XCII de 1721-1754).
 « L'acte de justice la plus sévère, c'est la guerre; *puisque son but est la destruction de la société.* » C'est la leçon de 1721 et de 1754.
 Le passage est atténué ainsi dans quelques éditions subséquentes : « *puisqu'elle peut avoir l'effet de détruire la société* ».
 Un éditeur moderne (Didot) a cru bien faire en accolant les deux leçons bout à bout : « puisqu'elle peut avoir l'effet etc..., puisque son but est la destruction de la société.
 « Cette peine répond à celle du bannissement *établie dans les tribunaux, qui retranche* les coupables de la société. Ainsi un prince, à l'alliance duquel nous renonçons, est retranché *par là* de notre société et n'est plus un de nos membres. »
 Ceci est la leçon originale de 1721 et 1754.
 Dans les éditions postérieures, notamment 1785 (édition complète), et Lefèvre 1820, d'après l'édition de Londres 1757, et peut-être sur des indications

manuscrites de Montesquieu conservées par son fils et son secrétaire, ce passage est corrigé ainsi :

« Cette peine répond à celle du bannissement, *que les tribunaux ont établi pour retrancher* les coupables de la société. Ainsi un prince, à l'alliance duquel nous renonçons, est retranché de notre société, et n'est plus *un des membres qui la composent.*

Les trois derniers alinéas, pour lesquels nous suivons la correction du Supplément de 1754, sont ainsi rédigés dans le texte primitif :

« Le droit de conquête n'est point un droit. Une société ne peut être fondée que sur la volonté des associés : si elle est détruite par la conquête, le peuple redevient libre ; il n'y a plus de nouvelle société : et si le vainqueur en veut former, c'est une tyrannie.

« A l'égard des traités de paix, ils ne sont jamais légitimes, lorsqu'ils ordonnent une cession ou dédommagement plus considérable que le dommage causé : autrement, c'est une pure violence, contre laquelle on peut toujours revenir ; à moins que, pour ravoir ce qu'on a perdu, on ne soit obligé de se servir de moyens si violents, qu'il en arrive un mal plus grand que le bien que l'on en doit retirer.

« Voilà, cher Rhédi, ce que j'appelle le droit public ; voilà le droit des gens, ou plutôt celui de la raison. »

En tête de la correction indiquée par le Supplément, et qui, sous beaucoup de rapports, est inférieure au texte primitif, se lit cet avertissement : « A la place des trois derniers alinéas, mettez ceux-ci. »

Cependant quelques éditions ont maintenu, et avec raison, à la suite du nouveau texte, la conclusion si ferme : « Voilà cher Rhédi... »

Lettre XCVIII (XCIV de 1721-1754.)

« Écoute ce que *je vais te* dire... ».

1721 1re : « Ce que je *te* vais dire... »
Leçon préférable eu égard à l'habitude constante de Montesquieu.
« Ce n'est qu'après bien des réflexions, qu'on en a *connu* toute la fécondité. »
Éditions postérieures à 1754 : « qu'on en a *vu*... »
Cette lettre (LXXXIV de la 2e Marteau) est vivement incriminée dans la brochure de l'abbé Gaultier : *Lettres persannes convaincues d'impiété.*

Lettre CIII (XCIX de 1721-1754).
« Au moins il est impossible qu'ils aient subsisté longtemps *dans leur pureté.* »
Les mots en italiques manquent dans 1721-54, et appartiennent aux éditions postérieures qui procèdent de 1757 (voir la *Bibliographie*.)
« Caravansérails ». 1721, 1re donne : *Caravansérais*, qui avec un ï serait peut-être la meilleure transcription de ce terme oriental ; et 1754 : *Caravanseras.*
« Il n'y a que quatre ou cinq siècles qu'un roi de France prit des gardes. »
Ce roi est Philippe Auguste menacé par les *Assassins* du Vieux de la Montagne.

Lettre CXI (CVII 1721-1754).
« Un général d'armée n'emploie pas plus d'attention *à placer* sa droite... qu'elle en met *à poster* une mouche qui peut manquer... »
C'est la leçon de 1754, et certainement la meilleure.
1721 1re donne : « *porter* une mouche. (C'est une coquille.)
1721 2e donne : *poster* sa droite,... *placer* une mouche.
Les éditions subséquentes « *poser* une mouche » (qui ne vaut pas *poster*).

Lettre CXII (Cinquième du Supplément de 1754).
Elle se trouve déjà en grande partie dans la 2e Marteau (LVIII), avec une adresse et une date différentes.

En voici le début et les variantes, ainsi qu'une note, qui ne figure plus au Supplément :

Rica à ***

« Le peuple est un animal qui voit et qui entend ; mais qui ne pense jamais. Il est dans une léthargie ou dans une fougue surprenante ; et il va et vient sans cesse d'un de ces états à l'autre, sans savoir jamais d'où il est parti.

« J'ai ouï parler en France d'un certain gouverneur de Normandie, qui, voulant se rendre plus considérable à la cour, excitoit lui même de temps en temps quelques séditions, qu'il apaisoit aussitôt.

« Il avoua depuis que la plus forte sédition ne lui coûta, tout compte fait, qu'un demi toman. Il faisoit assembler quelques canailles dans un cabaret qui donnoit le ton à toute la ville, et ensuite à toute la province.

« Ceci me fait ressouvenir d'une lettre qu'écrivit dans les derniers troubles de Paris un des généraux de cette ville à un de ses amis.

« Je fis sortir, il y a trois jours, les troupes de la ville ; mais elles furent repoussées avec perte. Je compte pourtant que je réparerai facilement cet échec ; j'ai six couplets...

« Si cela ne suffit pas, il a été résolu au conseil de faire paroître une estampe, qui fera voir Mazarin pendu ; et pour peu que la conjoncture des affaires le demande, nous aurons la ressource d'ordonner au graveur de le rouer...

« Jugez après cela si le peuple à tort de s'animer, et de faire du nom de Mazarin un mot...

« Notre musique l'a si furieusement vexé sur le péché originel que, pour ne pas voir ses partisans réduits à la moitié, il a été obligé de renvoyer tous ses pages. Je suis, etc...

De Paris, le 9 de la lune de Zilcadé 1715.

En note aux mots : « le ton ridicule dont il prononce. »

* « Le cardinal Mazarin, voulant prononcer *l'arrêt d'Union*, dit devant les députés du parlement *l'arrêt d'Ognon*; sur quoi le peuple fit force plaisanteries. »

Le *péché originel* dont il est question plus haut est ce vice contre nature qu'on nomme parfois *italien*, et qui serait mieux nommé *clérical*.

Lettre CXIII (CVIII de 1721-1754).

Lettre CXIV (CIX de 1721-1754, XCIX de 1721 2ᵉ Marteau).

Elle est incriminée dans la brochure : *Lettres persannes convaincues d'impiété*.

« Il ne faut donc pas compter les années du monde... »
Cet alinéa ne manque ni dans 1721 1ʳᵉ, ni dans 1721 2ᵉ Marteau, ni dans 1754. C'est à tort qu'il a été supprimé dans 1758 et dans beaucoup d'éditions postérieures.

« Cependant tous les historiens *nous parlent d'un premier père; ils...* »
Les mots en *italiques* manquent dans la première édition. Ils sont déjà rétablis dans 1721 2ᵉ Marteau.

L'avant dernier paragraphe : « mais toutes les destructions ne sont pas violentes... » appartient au Supplément de 1754.

Lettre CXVII (CXII de 1721 1ʳᵉ, CII de la 2ᵉ Marteau).
Incriminée dans les *Lettres persannes convaincues d'impiété*.

Lettre CXVIII (CXII 1ʳᵉ, CIII 2ᵉ Marteau).
Également incriminée.

Lettre CXX.
Tyen, ciel des chinois.
1721 1ʳᵉ : *Tyien*.

Lettre CXXII
« L'air se charge, comme les plantes... »
Alinéa ajouté par le Supplément de 1754.

Lettre CXXV (Sixième du Supplément de 1754).
Elle se trouve déjà dans 1721 2ᵉ Marteau (LX, Usbek à ***, Paris, 11 Zilcadé 1715), avec les variantes suivantes :
Troisième alinéa.
« A mon esprit ; il me semble... »
1721 2ᵉ : *et* il me semble...
Quatrième alinéa.
« De quelques uns de nos sujets .. »
1721 2ᵉ : de nos *plus riches* sujets...
« Nous avons enfin cédé à la multitude des requêtes... »
1721 2ᵉ : à la multitude *innombrable*...
« Faire attention qu'il *étoit* notoire...
1721 2ᵉ : qu'il *est* notoire...
« Nous ont prié, branlant la tête... »
1721 2ᵉ : *en* branlant la tête...
« *Ainsi*, désirant traiter les suppliants... »
1721 2ᵉ : *A ces causes*, désirant...
Septième alinéa.
« A leurs femmes *et* à leurs enfants... »
1721 2ᵉ : A leurs femmes, à leurs enfants...
« Dans leurs familles, les principales fêtes de l'année... »
1721 2ᵉ : dans leurs familles, *avec leurs amis*, etc...
Huitième alinéa.
« *Elles* viennent à les y contraindre... »
1721 2ᵉ : *Ils* viennent...
« Défendons à nos magistrats... »
1721 2ᵉ : à *tous* nos magistrats...

Lettre CXXVI (CXX de 1721 1ʳᵉ, CX de 1721 2ᵉ Marteau).
Incriminée dans les *Lettres persannes convaincues d'impiété*.

Lettre CXXXVII (CXXXI de 1721 1re).
 « semble échauffer les imaginations *mêmes.* »
 Mêmes manque, et avec raison, dans 1721 1re.
 « Romans » pris dans le sens de *romanciers.*

Lettre CXXXVIII (CXXXII de 1721 1re).
 « *N.* prit le fer à la main. » *N.* est le duc de Noailles.
 « Un étranger »; Law, Écossais. (Voir l'*Index*).

Lettre CXLI (CXXXV de 1721 1re).
 « *Romans* » dans le sens de *romanciers.*
 « Zuléma ». 1721 1re : Zumela.
 « Gemmadi 1, 1720 »
 1 manque dans 1754.

Lettre CXLIII (CXXXVII 1721-1754).
 La piquante *Lettre d'un médecin de province* figure tout entière dans les deux éditions qui servent de base à notre travail. 1721 1re donne même *Révérend père jésuite,* là où 1754 n'a que les initiales R. P. J.
 Ce n'est qu'après la mort de Montesquieu que des éditeurs timorés ont supprimé ou mis en note l'énumération des médicaments : la lettre s'arrête à « on lui expliqua la chose, comme elle s'étoit passée. »
 Déjà la fin du paragraphe intitulé P. S. avait disparu
 « Il y a bien des choses que je n'entends pas, etc... »
 Les éditeurs ont fictivement attribué à Montesquieu lui-même ces mutilations qu'on ne s'explique guère :
 « L'auteur, disent-ils, dans le manuscrit qu'il avoit confié *de son vivant* » (ce qui est faux) « aux libraires, a jugé à propos de faire des retranchements. On n'a pas cru devoir en priver le lecteur qui les trouvera ici en notes. »
 « Prenez dix A*** du C*** concernant la B*** et la C*** des J***. »

Dix Arrêts du Conseil concernant la Bulle et la Constitution des Jésuites. (Selon d'autres : concernant la Banque, ou la Bourse, et la Compagnie des Indes.)

« M. de N. » Fléchier évêque de Nîmes. Montesquieu est ici bien aimable d'excepter les Oraisons funèbres de Fléchier.

« *Teigne* », 1721 : *tigne*.

« *Miraculum chymicum, de violenta*, etc... »

Miracle chimique, par violente fermentation, avec fumée, feu et flamme.

Mélangez une infusion de Quesnel avec une infusion de Lallemand ; que la fermentation ait lieu, avec grande violence, bouillonnement et tonnerre, les acides se combattant, et pénétrant à l'envi les sels alcalins : il se fera une évaporation d'esprits brûlants. Mettez la liqueur fermentée dans l'alambic ; vous n'en tirerez rien, et n'y trouverez rien sinon un *caput mortuum* (une drogue inutile et impuissante.)

« *Lenitivum.* »

Prenez deux feuillets de l'anodin Molina ; six pages du laxatif Escobar ; une feuille de l'émollient Vasquez : faites infuser dans quatre livres d'eau ordinaire, faites réduire, par la cuisson, à moitié ; pressez ; et dans l'extrait faites dissoudre trois feuilles du détersif Bauni et du diluant Tamburini.

Faites du tout un lavement.

« *Clyster.* » 1721-1754 : *clister*.

« *In chlorosim*, etc... »

Contre la chlorose, que le vulgaire appelle pâles-couleurs ou fièvre-amoureuse.

Prenez quatre figures de l'Arétin ; deux feuilles du révérend Thomas Sanchez *De matrimonio* (Du mariage). Faites infuser dans cinq livres d'eau ordinaire.

Faites du tout une tisane apéritive.

Lettre CXLIV (Septième du Supplément de 1754).

Lettre CXLV (Huitième du supplément de 1754).
Cette lettre se retrouve tout entière dans 1721 2°
Marteau (LIX).
« Sa vue qui *se* porte toujours loin... »
1721 2° : qui porte...
« On est charmé de donner à celui-ci, on est enchanté
d'ôter à celui-là. »
1721 2° : On aime à donner..., on est charmé
d'ôter...
« Une mite. »
1721 2° : *Mitte*...
« L'hiver *dernier*, je pensai mourir... »
1721 2° : L'hiver *passé*,...
« On lui suscite... »
1721 2° : On lui suscite*ra*...
« La constitution *de* l'empire...
1721 2° : *des empires*...
« Mais ce n'est *point* assez...
1721 2° : *pas*
« De Paris, le 20 de la lune de Chahban, 1720. »
1721 2° : De Paris, le 10 de la lune Zilcadé, 1715.

Lettre CXLVII (CXXXIX de 1721-1754).
« Tes femmes se sont imaginé... »
1721, 1754 : se sont imagin*ées*...
La date de cette lettre et des huit suivantes semblerait devoir les placer entre CVI et CXXVIII. L'auteur aura voulu, en les rassemblant, donner plus de corps à la conclusion de son *roman* et finir comme il avait commencé.

Lettre CLI (CXLIII de 1721-1754).
« Je sais ce qu'il t'écrivit... »
1721 1re, 2e, et 1754 portent : je *ne* sais (qui répond moins bien au sens général).
« Avant qu'elles arrivassent...
1721 1re, 2e : qu'elles *n'*arrivassent...

Lettre CLVII (Neuvième du Supplément de 1754).

Lettre CLVIII (Dixième du Supplément de 1754).

Lettre CLX (Onzième du Supplément du 1754).

Lettre CLXI et dernière (CL de 1721-1754, CXL de 1721 2ᵉ Marteau, et 1730, 3ᵉ édition, Amsterdam, Jacques Desbordes).

INDEX

PHILOSOPHIQUE, HISTORIQUE ET LITTÉRAIRE.

A

Abbé. Jeune abbé séduisant une actrice. XXVIII.

Abdias Ibesalon, juif, interroge Mahomet sur les animaux impurs. XVIII.

Académie Française, « établissement singulier et bizarre » inconnu en Perse. Babil éternel, manie du panégyrique. Quarante têtes pleines de figures, de métaphores et d'antithèses. LXXIII.

Actrices. Elles ne sont point cruelles. Lettre d'une actrice à laquelle un abbé a ravi son innocence. XXVIII.

Adam. « Dieu met Adam dans le paradis terrestre, à condition qu'il ne mangera pas d'un certain fruit : précepte absurde dans un être qui connoîtrait les déterminations futures des âmes; car enfin un tel être peut-il mettre des conditions à ses grâces, sans les rendre dérisoires ? » LXIX.

(Voir Dieu, Prescience.)

Adam a peut-être été sauvé d'une catastrophe générale, comme Noé le fut du déluge. CXIV.

Affranchissement, comblait sans cesse les vides de la population romaine. CXVI.

Afrique, toujours très-inconnue ; ses côtes ne sont plus ce qu'elles étaient sous les Carthaginois et les Romains. CXIII, CXIX.

Agriculture, ses progrès intimement liés à ceux du commerce et de l'industrie, et réciproquement. CXVIII.

Ses revenus inférieurs à ceux de l'industrie et de l'art. Un fonds ne produit annuellement que le vingtième de sa valeur. CVII.

Agiotage, ses effets désastreux. CXXXII, CXLVI.

(Par arrêt du conseil du 25 juillet 1719, le papier-monnaie, déclaré immuable, fait tomber l'or; un créancier, rue Quincampoix, tire l'épée contre un débiteur qui l'avait remboursé. Allusion à ce fait, CXLVI.)

Ainesse. Le droit d'aînesse, invention de la vanité, détruit l'égalité des citoyens ; il fait obstacle à la propagation. CXX.

Alchimistes. Ils vous offrent « pour un peu d'argent le secret de faire de l'or. » LVIII.

Alcoran, ses défauts : langage de Dieu, idées des hommes. XCVIII.

Il ordonne de se soumettre aux puissances (allusion à l'Evangile). CV.

Il autorise la pluralité des femmes. CXV.

Plaidoyer d'une femme contre l'Alcoran. CXLI.

Passages de l'Alcoran cousus dans les vêtements, comme amulette. CXLIII.

ALEXANDRE comparé à Gengiskhan. LXXXII.

ALGÉBRISTES comparés aux astrologues. CXXXV.

Ibid. Algébriste faiseur de *système*; allusion à Law.

ALI, gendre du prophète. (Dans un certain nombre d'éditions du temps *Hali*; déjà en 1721, on imprime *Aly*.

Prophète des Chiites (Persans).

Son nom est un talisman. CXLIII.

Il est « le plus beau de tous les hommes; » expressions d'un Psaume appliquées au messie. XXXV.

ALLEMAGNE, partagée en un nombre infini de petits Etats. CIII.

Les peuples de l'Allemagne antique, avant la chute de l'empire romain, étaient libres; leurs rois n'étaient que des chefs à pouvoir limité. CXXXI.

L'empire d'Allemagne « se fortifie à mesure de ses pertes. » CXXXVI.

Grand vizir d'Allemagne; le prince Eugène vainqueur à Peterwaradin. CXXIX.

ALLIANCES. Alliances honorables, alliances injustes; alliances déshonorantes (celle d'un tyran).

Il est juste et légitime de secourir un allié. XCVI.

AMBASSADEUR. Faux ambassadeur de Perse à la cour de France XCII.

Nargum, ambassadeur de Perse en Russie. LI, LXXXII.

Ambassadeur du grand Mogol (d'Espagne) expulsé du royaume. CXXVII.

AMBROISE, sa conduite à l'égard de Théodose. LXI. (Comparez Spinoza, *Tractatus theologico-politicus*, cap. 19.)

AME, entièrement liée au corps et soumise aux influences physiques, XXXIII.

« Ouvrière de sa détermination » l'âme, devant la prescience divine, ne serait pas plus libre qu'une boule de billard. LXIX.

Gens qui croient à l'immortalité de l'âme par semestre. LXXV.

Les livres juifs enseignent que la femme n'a pas d'âme. CXLI.

AMÉRIQUE, avait été découverte par les Carthaginois; très-dépeuplée, CXIII, par la barbarie des conquérants espagnols. CXXII.

Vainement y introduit-on des esclaves; elle ne profite point des pertes de l'Afrique. CXIX.

Indigènes et nègres y périssent par milliers dans les mines. *Ibid.*

AMITIÉ, presque inconnue aux Asiatiques. XXXIV.

AMOUR. « Dans le nombreux sérail où j'ai vécu, j'ai prévenu l'amour et l'ai détruit par lui-même. » La polygamie éteint l'amour. VI, LVI.

L'amour, chez les musulmans, est amorti par la pluralité des femmes. LVI.

L'amour chez les Espagnols. LXXVIII.

L'amour dans le paradis des femmes. CXLI.

AMULETTES, passages de l'Alcoran, noms sacrés cousus dans les vêtements des fidèles musulmans. CXLIII.

ANAIS, ses aventures dans le

paradis des femmes, et la vengeance qu'elle exerce sur son mari, qui l'a tuée. CXLI.

ANATOMIE. Noms barbares qu'elle donne aux parties du corps. CXXXV.

ANATOMISTE, soupçonné, dans son quartier, du meurtre de tous les chiens qui disparaissaient. CXLV.

ANCIENS ET MODERNES. Querelles sur le mérite d'Homère. XXXVI.

ANGES. Ils demandent à élever Mahomet enfant. XXXIX.

Chrétiens et musulmans rendent un culte aux bons anges et se méfient des mauvais. XXXV.

ANGLAIS. Ils limitent l'autorité de leurs rois. Leur humeur et leurs raisonnements sur le pouvoir. CV.

ANGLETERRE. Son histoire pleine de discordes d'où sort la liberté.

Ses rois toujours chancelants sur un trône inébranlable.

Nation qui, maîtresse de la mer, mêle le commerce avec l'empire. CXXXVI.

ANTIQUAIRE. Lettre et manies innocentes d'un antiquaire malin. CXLII.

APHÉRIDON, Guèbre qui épouse sa sœur; ses aventures. LXVII.

(Féridun, Zend *Thaethraona*, sanscrit *Tritâna*, de *Trita*, l'une des plus anciennes divinités solaires des peuples aryens).

ARAGON. Les états d'Aragon et de Catalogne, en 1610, discutent quelle sera la langue employée dans les délibérations. CX.

ARCHE. Légendes sur l'arche de Noé. XVIII.

ARGENT (vif), employé contre les exhalaisons malignes. CXIX.

ARÉTIN, ses figures recommandées contre les pâles couleurs. CXLIII.

ARISTOTE. Le médecin de province fait entrer sa logique dans un purgatif, ses catégories dans un remède contre la gale. CXLIII.

ARMÉES. Différence des armées d'Orient et des troupes européennes. XC.

L'avantage est du côté du prince qui est à la tête des armées. CIII.

Les armées, instrument nécessaire de la tyrannie, surtout en Orient. *Ibid.*

ARMÉNIENS. Leurs caravanes qui partent « tous les jours » de Smyrne pour Ispahan, transportent en Perse les lettres venues de Marseille. XXVII.

Marchands d'esclaves. LXXX.

Quelques ministres de Cha-Soliman voulaient les expulser de Perse, s'ils ne se faisaient mahométans. (Allusion à l'édit de Nantes.) LXXXVI.

Transportés par Cha-Abbas dans la province de Guilan, ils y périrent par milliers. CXXII.

ARRÊT qui permet de prononcer la lettre Q au gré de chacun. CX.

A. du C. (Arrêts du conseil.) concernant la B. et la C. des I ou J. (Ordinairement traduit : concernant la Bulle et la Constitution des Jésuites; Barbier préfère : concernant la Bourse et la Compagnie des Indes.) Purgatif violent. CXLIII.

ARTS. Mauvais usage des arts. CVI.

Où nous entraînerait la perte des arts? Les barbares ont appris les arts des vaincus. CVII.

Nécessité des arts. L'oisiveté et la mollesse incompatibles avec les arts. Les arts à Paris. *Ibid.*

Ascétiques. Inutilité des livres de cette espèce. CXXXIV.

Asie, dépeuplée, CXIII; toujours livrée au despotisme. CXXXI.

Asie-Mineure, singulièrement déchue de son antique prospérité. CXIII.

Astarté, Guèbre qui épousa son frère; ses aventures. LXVII.

Asthme. Pour le guérir, lisez les périodes du père Maimbourg. CXLIII.

Astrologie judiciaire, est tenue en honneur chez les Persans et les Orientaux. Rica croit fermement au concours des astres. CXXXV.

Auteurs. Vanité des auteurs, leur impatience de la critique.

Plus jaloux de leurs ouvrages que de leurs épaules. CIX.

Automates, les animaux; allusion au système de Descartes. CXLV.

Autorité. « Quand une fois l'autorité violente est méprisée, il n'en reste plus assez à personne pour la faire revenir. » LXXXI

Averroes. Purgatif. CXLIII.

Aveugles. La vie aux Quinze-Vingts.

Habileté des aveugles à se conduire dans Paris. XXXII.

Avicenne. Purgatif. CXLIII.

Avocats. « Livres vivants, » ils travaillent pour les juges et se chargent de les instruire, parfois aussi de les tromper. LXVIII.

Avortement. Crime sévèrement puni par les lois européennes.

Abus qu'en font les femmes sauvages. CXXI.

B

Babyloniens. Autorité de la femme établie chez eux par une loi en l'honneur de Sémiramis. XXXVIII.

Bachas. Ils achètent leurs emplois et, ruinés, ruinent les provinces. XIX.

Badinage « naturellement, fait pour les toilettes... semble être venu à former le caractère général de la nation. » LXIII.

Balk (Bactres), ville sainte où les Guèbres honoraient le soleil. LXVII.

Banque. Ses actions. Projets financiers du ministère en 1719. CXXXI.

Baptême, comparé aux ablutions musulmanes. XXXV.

Barbares. Ils ont appris les arts ou les ont fait exercer aux vaincus. CVII.

Barbarie. Ses côtes, florissantes sous les Carthaginois et les Romains, ont été dépeuplées et stérilisées par le mahométisme. CXIII, CXIX.

Barbe. Pierre Ier et la barbe de ses sujets. LI.

Bataille. La terreur panique d'un seul soldat en décide quelquefois. CXLIII.

Batiments. Magnificence de Louis XIV dans ses constructions. XXXVII.

Batuecas. Tribu des montagnes d'Espagne, mal connue des Espagnols eux-mêmes. LXXVIII.

Béatitude éternelle. Croyance défavorable à la propagation de l'espèce. CXX.

Beauté. Beauté des Persanes. XXXIV.

Beauté d'une esclave de Circassie, achetée à des Arméniens. LXXX.

HISTORIQUE ET LITTÉRAIRE. 173

Beauté d'une femme jaune de Visapour. XCVII.

Empire naturel et universel de la beauté. XXXVIII.

BEAUX ESPRITS. Ils s'amusent aux choses puériles. XXXVI.

BEIRAM. Appartement des femmes. Sérail du roi (de Perse). Toute esclave qui y entre devient mahométane. LXVII.

BÉNÉFICES. « Qui voudroit nombrer tous les gens de loi qui poursuivent le revenu de quelque mosquée... » LVIII.

BEN JOSUÉ, juif, prosélyte musulman. XXXIX.

BIBLIOTHÉCAIRE. Portrait d'un moine bibliothécaire. Ses conversations avec Rica. CXXXIV-CXXXVII.

BIBLIOTHÈQUES. Comment elles sont administrées par les dervis. CXXXIII.

Voyage dans une grande bibliothèque à Paris. CXXXIII-CXXXVII.

BIENFAIT. Tout homme est capable de faire du bien à un homme : mais c'est ressembler aux dieux que de contribuer au bonheur d'une société tout entière. XC.

BOISSONS. Celles qui abrutissent.

Celles qui égayent et consolent, permises aux musulmans. XXXIII.

BOITES où l'on enferme les femmes de la Perse au passage des rivières. III.

BOMBÉS. Leur invention a ôté la liberté à tous les peuples de l'Europe. CVI.

Défense des bombes. CVII.

BONHEUR. Réside-t-il dans les satisfactions des sens ou dans la pratique de la vertu ? X.

BONNE FOI. Doit être l'âme d'un grand ministre. CXLVI.

BONS MOTS préparés d'avance et lancés à l'aide d'un compère. LIV.

BONZES, confondus avec les brahmanes. CXXXVI.

BOURGEOIS. Ont perdu la garde de leurs villes. CVI.

Sous quel prétexte les princes la leur ont retirée. *Ibid.*

BOUSSOLE. Que nous a servi l'invention de la boussole? CVI.

BRAHMA récompense le suicide des veuves. CXXVI.

BRAHMANE. Croit à la métempsychose, mais admet qu'on mange un animal quand on ne l'a pas tué soi-même. XLVI.

BULLES, purgatif violent. CXLIII.

C

CABALE. Panthéisme mystique des Juifs.

Pratiquée par un médecin de province. CXLIII.

CAFÉ (ET CAFÉS.) Très en usage à Paris, donne de l'esprit à ceux qui le prennent dans certains établissements. On y joue aux échecs. XXXVI.

Conversations que l'on y entend. CXXIX, CXXX, CXXXII.

CAMBYSE a établi en Perse le mariage de la sœur et du frère. LXVII.

A quelle jambe a-t-il été blessé ? CXLII.

CAPPADOCIENS. Ils refusèrent la liberté que leur offraient les Romains. CXXXI.

CAPUCINS. Conversation de Rica et d'un provincial de capucins. XLIX.

CARTHAGE. République dont on ignore les origines ; rivale de Rome. CXXXI.

CARTHAGINOIS, avaient découvert l'Amérique. CXXII.

CASBIN. Ville et monastère en Perse. XCIV.

CASUISTES. Leur habileté à faire passer les péchés du mortel au véniel. « Il y a un tour à donner à tout. » LVII.

Ils mettent au jour les secrets de la nuit. Ingéniosité voluptueuse, crudité et danger de leurs ouvrages. CXXXIV.

CASTRO (Jean de), « fameux général portugais. » LXXVIII.

CATALOGNE. Etats d'Aragon et de Catalogne, 1610. Discussion préalable sur la langue à employer dans les délibérations. CX.

CATHOLICISME. Son infériorité sociale devant le protestantisme.

Dans l'État de l'Europe, il n'est pas possible qu'il y subsiste cinq cents ans. CXVIII.

CATHOLIQUES. Les pays catholiques moins riches, moins actifs, moins peuplés que les pays protestants. CXVIII.

CAUSSIN (le P.), jésuite, né à Troyes en 1543, confesseur de Louis XIII, exilé par Richelieu.

Sa *Cour sainte*, livre de piété en 4 volumes in-4, est recommandée comme somnifère à un homme qui ne dormait pas depuis trente-cinq jours. CXLIII.

CÉLIBAT. Les filles esclaves condamnées à la virginité dans le sérail. CXV.

Les Romains établissaient des peines sévères contre le célibat.

Les chrétiens le proclament supérieur au mariage. CXVII.

Nombre prodigieux de catholiques faisant profession de célibat.

Le célibat ecclésiastique est plus nuisible à la propagation que la castration même.

Habitude des familles de vouer un de leur membre au célibat religieux. *Ibid.*

CELLAMARE (conspiration de), allusions, CXXVII.

CÉRÉMONIES. Leur importance secondaire en religion. XLVI.

CÉSAR, opprima la république romaine et la soumit à un pouvoir arbitraire. Suites de son crime. CXXXI.

CHA-ABBAS, se serait fait couper les deux bras plutôt que de signer l'édit de Nantes et « d'envoyer au Mogol et aux autres rois des Indes ses sujets les plus industrieux. » LXXXVI.

Voulant priver les Turcs de soldats sur leurs frontières, il transporta vingt milles familles arméniennes dans la province de Guilan. CXXII.

CHAHBAN, mois ardent. XVIII.

CHANSONS. Influence des chansons sur les frondeurs. CXI.

CHAPELAIN, bon contre la gale, la teigne, etc. CXLIII.

CHAPELET. « Heureux celui qui a toujours prié Dieu avec de petits grains de bois à la main ! » XXIX.

CHARDIN, célèbre voyageur en Perse. LXXII.

CHARLES XII, tué devant une place assiégée en Norwége (Frédéricshall). CXXXVII. (*Esprit des lois.*) X, 13.

CHARTREUX. Espèce de dervis taciturnes. LXXXIII.

CHA-SOLIMAN. Quelques ministres de ce prince avaient voulu expulser de Perse tous les Arméniens (allusion à l'édit de Nantes). LXXXVI.

CHAT, sorti du nez du lion. XVIII.

CHATIMENTS. Les châtiments dans le sérail. LXIV, CXLVIII-CLXI. (Voir Peines.)

CHAUSSURES. Les hauts talons. C.

CHAUVINISME. « Depuis le commencement de la monarchie, les Français n'ont jamais été battus. » (Lettre d'un nouvelliste.) CXXX.

CHIMIE (alchimie?), quatrième fléau qui ruine les hommes et les détruit en détail (?). CVI.

Elle habite tantôt l'hôpital, tantôt les Petites-Maisons. CXXXV.

CHINE. Deux fois conquise par les Tartares. LXXXII.

Les Chinois pensent que leurs pères, anéantis dans le Tyen, revivent en eux sur la terre. De là, propagation de l'espèce. CXX.

Ils honorent leurs parents comme des dieux. *Ibid.*

Un conquérant de la Chine obligea ses sujets à se rogner les cheveux ou les ongles. LXI.

CHLOROSE, doit céder à un tonique où entreront des figures d'Arétin et des passages de Sanchez. CXLIII.

CHRÉTIENS (vieux). Ce que c'est que les « vieux chrétiens » en Espagne et Portugal. Leur orgueil. LXXVIII.

Les chrétiens cultivent les terres en Turquie et sont persécutés par les Pachas. XIX.

CHRIST. Pas de royaume où il y ait eu tant de guerres civiles que dans celui du Christ. XXIX.

CHRISTIANISME. Il rend tous les hommes égaux, mais n'empêche pas les rois chrétiens d'autoriser la traite des nègres. LXXV.

Il est peu favorable à la propagation de l'espèce humaine. CXV.

Ses rapports avec le mahométisme au point de vue des croyances. XXXV.

Ses vices sociaux : interdiction du divorce ; création d'eunuques des deux sexes; exaltation du célibat. CXV, CXVII, CXVIII.

CHRISTINE (de Suède), abdique la couronne pour se donner à la philosophie. CXXXIX.

CIRCASSIE, pays des belles esclaves. LXXX, XCVII.

Royaume grand et dépeuplé. CXIII.

CIRCONCISION. Ablation d'un « petit morceau de chair. » XLVI.

Mesure sanitaire qui délivre l'homme de l'impureté. XXXIX.

Mahomet est né circoncis. XXXIX.

CLIMATS. Ils fixent les tempéraments.

On n'en sort pas impunément. CXXII.

CLOITRE. Cinq ou six mots d'une langue morte y assurent une vie tranquille. CXVIII.

CLYSTER (composition d'un). CXLIII.

COIFFEUSES. Supériorité des coiffeuses françaises. CI.

COIFFURES. Variations des coiffures françaises. C.

COLONIES. Elles affaiblissent la mère-patrie sans peupler le pays où on les établit. CXXII.

Les colonies grecques apportèrent avec elles un esprit de liberté. CXXXI.

COLONISATION. L'auteur y est peu favorable et n'y voit, sauf exception, qu'une cause de dépopulation intérieure et extérieure. CXXII.

Il voudrait la borner à l'occupation de places pour le commerce. *Ibid.*

COM. (Ville de).

C'est là qu'est le « tombeau de la Vierge qui a mis au monde douze prophètes. » Lettres I, XVII.

COMMENTATEURS. Armée ef-

froyable des glossateurs, de commentateurs, jurisconsultes. CI.

Ils peuvent se dispenser d'avoir du bon sens. CXXXV.

Commerce. Plus il y a d'hommes, plus il fleurit ; plus il fleurit, plus il y a d'hommes. CXVI.

Communisme. Montesquieu semble avoir attribué quelques avantages à l'indivision : « Le peuple Troglodyte se regardoit comme une seule famille : les troupeaux étoient presque toujours confondus ; la seule peine qu'on s'épargnoit ordinairement, c'étoit de les partager. » Lettre XII.

Compères. Le rôle des compères dans les conversations du monde. LIV.

Compilateurs. Contre leurs plagiats stériles. LXVI.

Les compilateurs de lois et d'ordonnances. CI.

Conception. Mahomet ne veut pas que la femme conçoive dans l'état d'impureté. XXXIX.

Confesseur, son rôle près d'un vieux et d'un jeune roi. CVIII.

Congrès. « Épreuve aussi flétrissante pour la femme qui la soutient que pour le mari qui y succombe. » LXXXVII.

Conquête. « La conquête ne donne point un droit par elle-même. » XCVI.

Funestes nécessités de la conquête lorsqu'elle est lointaine : extermination des vaincus et épuisement des vainqueurs. CXXII.

Les conquêtes des Espagnols marquées par la ruine des campagnes. LXXVIII.

Conscience. Inhumanité de ceux qui affligent la conscience des autres. LXXXVI.

Conseils. Six ou sept conseils remplaçant les ministres ont pu sagement administrer la France. CXXXVIII.

Consolations. Vanité de celles qu'on tire « de la nécessité du mal, de l'inutilité des remèdes, de la fatalité du destin, de l'ordre de la providence. » XXXIII.

Conspirations fréquentes en Orient. Pourquoi ? CIII.

Constantinople menacée de dépopulation par la polygamie. CXV.

Les transports de peuples qu'on y a faits n'ont jamais réussi. CXXII.

Constitution (Bulle de 1710) mal accueillie par les Français, surtout par les femmes. Louis XIV l'accepte. XXIV.

Les constitutions des papes, adoptées par la jurisprudence française. CI.

Influence de la constitution du corps sur les croyances religieuses. LXXV.

Conte persan. Anaïs dans le paradis. CXLI.

Continence. Chez les chrétiens, c'est la vertu par excellence (bien que le mariage soit saint : contradiction) ; elle a anéanti plus d'hommes que les pestes et les guerres les plus sanglantes. CXVIII.

Conversation. Influence qu'ont dans les conversations les choses inanimées, bruit du carrosse et du marteau, habit brodé, perruque blonde, tabatière, canne, gants. LXXXIII.

Coquetterie. « Un peu de coquetterie est un sel qui pique et prévient la corruption. » XXXVIII.

Corps. Les grands corps s'attachent aux minuties, aux vains usages. CX.

Corruption remarquée dans les Indes (en France), œuvre

du système de Law. Peinture énergique des hontes de l'agiotage. CXLVI.

Cosrou, eunuque blanc amoureux de Zélide. LIII.

Cour. La vertu et la sincérité y sont périlleuses. Lettre VIII.

Courbe selon laquelle un vaisseau doit être taillé. XCVIII.

Courouc. Ordre qui, en Perse, écarte les hommes du passage des femmes de qualité. XLVII.

Courtisans. Par quels services ils gagnent les libéralités des princes, CXXV, et leurs faveurs, notamment celles de Louis XIV. XXXVIII.

Coutumes. Multiplicité des coutumes des provinces en France. La plupart rédigées d'après le droit romain. CI.

Couvent. Famille éternelle où il ne naît personne; gouffre où s'ensevelissent les races futures. CXVIII.

Création. Peut-on croire qu'elle n'ait eu lieu qu'il y a 6,000 ans? Plus tôt, Dieu n'a-t-il pas voulu? n'a-t-il pas pu? CXIV.

Cuisiniers. Le goût des cuisiniers français règne du septentrion au midi. CI.

Czar, son autorité despotique. LI.

D

Débiteurs avares qui ruinent leurs créanciers par des payements fictifs. CXLVI.

Décadence romaine. Passage qui contient en germe un des chefs-d'œuvre de Montesquieu. CXXXVI.

Décisionnaire. Homme content de lui qui tranche sur tout, morale, science, histoire, nouvelles. LXXII.

Défense. Elle rend la guerre légitime. Quand un traité a privé une société de « sa défense naturelle, » elle peut la reconquérir par la guerre. XCVI.

Déluge. Hypothèses de plusieurs déluges. CXIV.

Dépopulation. Catastrophe insensible.

Elle croît depuis les temps les plus reculés, dans tous les pays du monde connu. CXIII.

Ses causes physiques, CXIV, et morales, CXV, dans les pays musulmans, CXVI, et chrétiens, CXVII, CXVIII; en Afrique et en Amérique, CXIX; chez les sauvages, CXXI; dans les colonies, CXXIII.

Dervis (Lisez prêtres ou moines.) LVII;

Dervis taciturnes: Chartreux LXXXIII.

On souhaiterait que les dervis « *se retranchassent* tout ce que leur profession leur rend inutile. » *Ibid*.

Société de gens avares qui prennent tout et ne rendent rien. Les dervis catholiques accaparent les richesses de l'État, paralysent la circulation, le commerce et les arts. CXVIII.

Comment ils administrent leurs bibliothèques. CXXXIII.

Déserts. Pays déserts par vice de nature ou destruction de peuples. CXXII.

Désespoir. Il égale la faiblesse à la force. XCVI.

Désirs. Malheur d'une femme qui a des désirs violents lorsqu'elle est privée de celui qui peut seul les satisfaire. VII.

Despote, despotisme. Le despote menacé par l'excès

même de son autorité. LXXXII, CIII.

Le despotisme tue l'émulation, XC ; conduit au régicide impuni. CIV.

DEVINS. Ils vous diront toute votre vie, « pourvu qu'ils aient eu un quart d'heure de conversation avec vos domestiques. » LVIII,

DÉVOT. Dévot ou incrédule par accès, caractère du chrétien. LXXV.

« Si dévots qu'ils sont à peine chrétiens » (les Espagnols). LXXVIII.

Le dévot adore tout ce qu'il vénère, attribue à de petites pratiques monacales la même efficacité qu'aux sacrements. *Ibid.*

DICTIONNAIRE. Le dictionnaire de Furetière et celui de l'Académie. LXXIII.

DIDON. On ignore la suite des princes africains depuis Didon. CXXXI.

DIEU. Les hommes le font à leur image. Dieux nègres, Vénus hottentote ; « si les triangles faisoient un dieu, ils lui donneroient trois côtés. » LIX.

« Ils ont fait une énumération de toutes les perfections différentes que l'homme est capable d'avoir et d'imaginer, et en ont chargé l'idée de la divinité. »

Quoique tout-puissant, Dieu « ne peut pas violer ses promesses, ni tromper les hommes. »

Comment pourrait-il prévoir ce qui n'est pas encore ?

La prescience divine est discutée et discutable. Peut-être n'est-elle qu'intermittente, quand Dieu veut qu'une chose arrive. En tout cas elle est contradictoire et supprime la liberté, le mérite et le démé-

rite, tels que les métaphysiciens les définissent. LXIX.

« Dieu est si haut que nous n'apercevons pas même ses nuages. » LXIX.

Dieu défend-il le suicide ? LXXVI.

S'il y a un Dieu, il faut qu'il soit juste... Il serait le plus méchant de tous les êtres puisqu'il le serait sans intérêt.

Docteurs qui représentent Dieu tantôt comme un être mauvais, tantôt comme un être qui hait le mal. LXXXIV.

Comment comprendre que Dieu ait différé, durant toute l'éternité, la création du monde ? — Il n'y a point en lui de succession. CXIV.

DIRECTEUR. Portrait du directeur de consciences. XLVIII.

DISCOURS prononcé par un général de la Fronde. CXII.

DISGRACE. Pour un Persan, la disgrâce du prince, c'est la mort. Aussi les révoltes coûtent-elles peu aux Orientaux.

Pour les grands d'Europe, la disgrâce n'est que défaveur, exil. CIII.

DISSIMULATION. Art nécessaire et pratiqué chez les Asiatiques. LXIII.

DISTINCTION. Procédé jésuitique, raillé. XXIX.

Les distinctions des avocats ou des scolastiques. XXXVI.

Une « distinction » sur un morceau de papier, remède contre la gale, la gratelle, etc. CXLIII.

DIVORCE. Autorisé par le paganisme. CXV.

Il contribuait à l'attachement mutuel CXVII.

Son interdiction peu judicieuse relache les liens que le christianisme prétend resserrer,

et porte atteinte à la fin du mariage. *Ibid*;

Elle engendre la froideur dans le ménage, livre aux filles de joie l'homme dégoûté d'une épouse éternelle et nuit à la propagation de l'espèce. *Ibid*.

Docteurs qui représentent Dieu comme un être qui fait un exercice tyrannique de sa puissance, etc. LXXXIV.

Don Quichotte. Le seul des livres espagnols « qui soit bon est celui qui a fait voir le ridicule de tous les autres. » LXXVIII.

Droit barbare. Lois franques, etc., abandonnées pour le droit romain. CI.

Droit canon. Constitutions des papes (Décrétales), adoptées par les Français. *Ibid*.

Droit civil. Il règle les affaires des particuliers.

Identité rationnelle du droit civil et du droit public. XCV.

Droit coutumier presque toujours modifié selon le droit romain. CI.

Droit des gens (voyez Droit public), doit prohiber les inventions meurtrières. CVI.

Droit public faussé par les passions des princes, la patience des peuples, la flatterie des écrivains; science qui apprend aux princes jusqu'à quel point ils peuvent violer la justice. XCV.

Le droit public devrait être considéré comme un droit civil étendu au monde entier. *Ibid*.

Il est plus connu en Europe qu'en Asie. *Ibid*.

Sanctions du droit public: la guerre; les représailles; la suppression des avantages mutuels; la renonciation aux alliances. XCVI.

Les principes du droit public sont ceux du droit privé. *Ibid*.

Droit romain. Fond du droit français, rédigé en partie par les Byzantins. CI.

Droits surannés rétablis au détriment du peuple par les fauteurs d'intrigues princières. CXLV.

Duel. Edit de Louis XIV contre les duels, loué par un homme qui « reçut cent coups de bâton pour ne le pas violer. » LIX.

Contradiction entre les lois de la nation et les lois de l'honneur.

Inutilité et injustice des lois sur le duel. XCI.

Sottise du duel, qui met le droit à la merci de la force ou de l'adresse corporelle.

Injustice du duel par champions.

Rôle des seconds.

Le duel survit à toutes les interdictions et à toutes les peines. *Ibid*. XCI.

E

Eau froide pour les ablutions du matin. XLVI.

Manque à Venise pour les purifications musulmanes. (Voir Venise.)

Ecclésiastiques. On leur demande de prouver ce qu'on est résolu de ne pas croire. LXI, LXXV.

Ecriture sainte. Tortures que lui infligent les glossateurs ecclésiastiques. CXXXIV.

Diversité des interprétations. *Ibid*.

Edit de Nantes. « En proscrivant les Arméniens (les protestants), on pensa détruire en un seul jour tous les négociants et presque tous les artisans du royaume. »

Coup porté à l'industrie par la dévotion. LXXXVI.

Education. Tristes résultats de celle que les enfants, en Orient, reçoivent des esclaves. XXXIV.

Education des femmes. Entre les hommes et les femmes, « les forces seroient égales si l'éducation l'étoit aussi. » XXXVIII.

Egalité. L'égalité civique, amenant l'égalité des fortunes porte l'abondance et la vie dans toutes les parties du corps politique. CXXIII.

Chez les Guèbres la femme était l'égale de son mari. LXVII.

Eglise. L'histoire de l'Église et des Papes, faite pour édifier, produit l'effet contraire. CXXXVI.

Egypte dépeuplée. CXIII.

Egyptiens. Autorité de la femme établie chez eux par une loi en l'honneur d'Isis. XXXVIII.

Eléphant. Ses ordures font pencher l'arche et engendrent le pourceau. XVIII.

Emollients. Molina, Escobar, Vasquez, etc., en clystère. CXLIII.

Empire romain. Gouvernement militaire et violent sous lequel gémit l'Europe. CXXXI.

Démembré par les barbares. *Ibid.*

Empire d'Allemagne (voyez Allemagne).

Empires comparés à un arbre dont les branches trop étendues ôtent le suc du tronc. CXXII.

Enfants. Les enfants nés dans la misère, ou issus de mariages précoces, meurent en bas-âge ou forment des générations étiolées. CXXIII.

Tout enfant né dans le mariage est censé être au mari. LXXXVII.

Enrhumé. « Tout Espagnol qui n'est pas enrhumé ne sauroit passer pour galant. » LXXVIIII.

Eole, Fils qu'il eut d'une nymphe de la Calédonie (Law), et auquel il apprit l'art d'enfermer du vent dans des outres.

Voyages de ce fils en compagnie du dieu du hasard ; son séjour en Bétique (France) ; ses discours ; il escamote la fortune des crédules auditeurs. CXLII.

Epée (gens d'), méprisent les gens de robe, qui le leur rendent. XLIV.

Epigrammes. Petites flèches déliées qui font une plaie profonde. CXXXVII.

Episodes intercalés. Les Troglodytes. XI-XIV.

Aphéridon et Astarté. LXVII.

L'immortelle Anaïs. CXLI.

Fragments d'un mythologiste. CXLII.

Epitaphe d'un Français mort de lassitude en la soixantième année de son âge. LXXXVIII.

Epopées. Les connaisseurs disent qu'il n'y en a que deux et qu'on n'en peut plus faire. CXXXVII.

Equité. « Libres que nous serions du joug de la religion, nous ne devrions pas l'être de celui de l'équité. » LXXXIV.

Erivan, ville où s'achètent les esclaves géorgiennes et circassiennes. LXXX.

Erzeron (Erzeroum), ville de Turquie d'Asie. Lettres IV, V, VI, XVI.

Esclavage aboli par les rois dans leurs Etats, rétabli dans leurs conquêtes. Pour quelles raisons ? LXXVI.

Esclaves. Leur dégradation morale ; danger de leur fréquentation. XXXIV.

Esclaves romains. Leur

multiplication favorisée ; leur pécule, leurs industries ; aisance dans la servitude, espoir de liberté; affranchissement et libération. CXVI.

Escobar. Casuiste espagnol (xvie-xviie siècles). Emollient. CXLIII.

Espagne, espagnols. Espagnols et Portugais, deux peuples qui « méprisant tous les autres, font aux seuls François l'honneur de les haïr. » Orgueilleux, ennemis de tout travail, amoureux, dévots jusqu'à enfermer leurs femmes avec un novice ou un franciscain; jaloux ; leurs politesses bizarres ; leur ignorance. Extravagance de leurs livres. LXXVIII.

L'abaissement de l'Espagne correspond aux progrès du protestantisme. CXVIII.

L'inquisition en Espagne. XXIX, LXXVIII.

Dépopulation. CXIII.

L'expulsion des maures. CXXII.

Les Espagnols ont été logiquement conduits à massacrer les indigènes de leurs colonies. Ils n'ont pu repeupler l'Amérique dévastée par eux. Au lieu de passer aux Indes, ils feraient mieux de rappeler en Espagne tous les métis et tous les indiens. CXXII.

Dans l'Espagne, ou Hespérie, au temps des colonies grecques, on ne voit guère de monarchies. CXXXI.

Résumé de l'histoire d'Espagne. Expulsion des princes mahométans. Eclat momentané, fausse opulence. La nation vit sur l'orgueil de son passé. CXXXVI.

Esprit (homme d'). Portrait de l'homme d'esprit, ses défauts, ses ennuis. CXLV.

Estomac, son influence sur l'intensité des croyances religieuses. LXXV.

*Etats. Il y a en France trois états : église, épée, robe, qui se méprisent mutuellement. XLIV.

Etats. Les plus puissants Etats de l'Europe sont l'Empire, la France, l'Espagne et l'Angleterre. CIII.

Eunuques. Leurs fonctions, devoirs; situation dans le sérail. II, XV.

Plaintes contre leur autorité. IV, VII, IX, CLVI-CLIX.

Leur état détruit l'effet des passions sans en éteindre la cause, IX ; leur jalouse impuissance, leurs souffrances. *Ibid.*

Confiance et mépris de leurs maîtres. XXI.

Leur position entre les deux sexes. XXII.

Leurs mariages. LII, LXVII.

Ils n'ont pas sur leurs femmes la même autorité que les autres maris. LXVII.

Leur multitude en Asie est une cause de dépopulation. CXV.

Voir encore CXLVII-CLXI.

Eunuques (blancs). L'eunuque blanc n'a pas d'accès près des femmes ; Nadir, eunuque blanc, trouvé seul avec Zachi, est menacé de mort par Usbek. XXI.

Le chef des eunuques blancs sévèrement blâmé. XXII.

Passion de Cosrou, eunuque blanc, pour Zélide. Sorte de volupté que les eunuques goûtent, dit-on, dans le mariage. LIII.

Eunuques (noirs), chargés spécialement de la direction des femmes dans le sérail, de l'examen et de l'achat des esclaves, des corrections, même manuelles. *Passim.*

Histoire du grand eunuque

noir, racontée par lui-même. IX, LXIV.

Ce qui lui arrive en mettant une femme au bain. IX.

Tours que lui jouent les femmes.

Châtiment obtenu contre lui par une femme, dans un de ces moments où le mari ne refuse rien.

Il veut mutiler un esclave noir qui résiste, XLI, XLII.

Achète une Circassienne. LXXX.

Une femme jaune de Visapour. XCVII.

Sa mort; désordres qui la suivent. CXLIX.

Eunuques chrétiens. Prêtres et dervis de l'un et l'autre sexe. CXVIII.

Agents de dépopulation. *Ibid.*

Europe. Sa capitale, Paris. XXIII.

Ses plus puissants États, la plupart monarchiques. CIII.

Européens. Ils font tout le commerce des Turcs, XIX; aussi punis par une peine légère que les Asiatiques par la perte d'un membre. LXXXI.

Évêques, gens de loi subordonnés au pape; unis au pape ils font des articles de foi; en particulier, ils dispensent d'accomplir la loi. XXIX.

Évêque vantant son mandement. CII.

Extravagance humaine. A propos des pompes funèbres. XL.

F

Famille. Puissance paternelle chez les Romains. LXXIX.

Chez les Français, les familles se gouvernent toutes seules. LXXXVII.

Leurs différends portés devant les tribunaux. *Ibid.*;

Les membres de la famille ne sont liés que par l'amour et la gratitude. CV.

Infériorité de la famille polygamique. VII, CXV, XXXIV.

Fat. Son portrait. L.

Fatalisme musulman. Cause de dépopulation. CXX.

Fatmé rappelle à Usbek sa beauté, lui raconte ses désirs amoureux et les soins qu'elle prend de sa personne. VII.

Faveur. C'est la grande divinité des Français. LXXXIX.

Félicitations. Tout pour les Français est matière à félicitations et compliments. LXXXVIII.

Femme jaune de Visapour, achetée cent tomans. Sa beauté supérieure à « tous les charmes de la Circassie. » XCVII.

Femmes. Liberté des femmes européennes. XXIII, XXVI.

Indignation des Françaises contre la *Constitution* (bulle de 1710) qui leur interdit la lecture de la Bible. XXIV.

Coquetterie des Françaises de tout âge. LII.

Leur légèreté, leurs infidélités qui ne choquent personne. LV.

« Ce n'est pas qu'il n'y ait des dames vertueuses... mais si laides qu'il faut être un saint pour ne pas haïr la vertu. » *Ibid.*

Les femmes, surtout lorsqu'elles vieillissent, s'adonnent au jeu avec passion. LVI.

Comment elles ruinent leurs maris. *Ibid.*

Vieilles femmes qui ont travaillé tout le matin à se rajeunir et passent le soir à louer le temps de leur jeunesse. LIX.

Leur situation en Espagne; elles laissent souvent aux hommes « un long et fâcheux souvenir d'une passion éteinte. » LXXVIII.

Les femmes adorent ceux qui savent parler sans rien dire. LXXXIII.

La loi naturelle soumet-elle les femmes aux hommes ?

Chez les peuples les plus polis, les femmes ont de l'autorité sur leurs maris.

Les hommes, dit Mahomet, ont un degré sur elles. XXXVIII.

En France, les femmes gouvernent, distribuent les faveurs et les places. CVIII.

Elles forment une sorte de république (nous dirions franc-maçonnerie). *Ibid.*

Gravité du rôle d'une jolie femme. CXI.

Femmes (musulmanes). (Voir *sérail*). La femme, selon Mahomet, est d'une « création inférieure ; » elle n'entrera pas dans le paradis. XXIV.

« Les femmes sont vos labourages, elles vous sont nécessaires comme vos vêtements, et vous à elles, » dit le prophète. CXV.

Quatre femmes, permises par la loi, et autant de concubines qu'un homme en peut entretenir et satisfaire. *Ibid.*

Fermier général. Portrait du fermier général suffisant. XLVIII.

Ceux qui lèvent les tributs nagent au milieu des trésors. XCIX.

Leur situation terrible devant la chambre de justice. *Ibid.*

Fermiers. En vain les accable-t-on de frais ; ils payent leurs loyers toujours en retard. CXXXII.

Fidélité. La fidélité n'empêche point le dégoût qui suit les passions satisfaites. XXXVIII.

Filles. Fille modeste avouant devant les juges les tourments d'une trop longue virginité. LXXXVII.

Filles ravies ou séduites ; elles font les hommes beaucoup plus mauvais qu'il ne sont. *Ibid.*

Les filles des laquais enrichissent les seigneurs ruinés. XCIX.

En Europe, on sait à la minute le moment où elles cessent de l'être. En Orient, quoique mariées, elles se défendent longtemps. LV.

Filles de joie. Il y en a à Paris autant que de dervis. LVII.

L'interdiction du divorce leur livre les maris désespérés. CXVII.

Filles musulmanes confiées aux eunuques noirs dès leur septième année ; quelquefois on attend leur dixième. LXII.

Finances. En trois ans quatre systèmes. Bouleversées par Law. CXXXVIII.

Financiers. Leurs bureaux, leurs inventions, leur impertinence CXXXVIII.

Flamel (Nicolas), a découvert la pierre philosophale. XLV. (La légende paraît avoir fait sans raison un alchimiste de Flamel, riche écrivain — juré de l'Université de Paris, mort en 1418.)

Fléchier (M. de N.). Ses oraisons funèbres ne peuvent entrer dans le *vomitif* indiqué par le médecin de province. CXLIII.

Flegme des grands seigneurs. LXXIV.

Des Espagnols et Portugais. LXXVIII.

FORMALITÉS, pernicieuses dans la jurisprudence et dans la médecine. CI.

FORTUNE. Instabilité des fortunes en France. (Allusion à Law.) XCIX.

FOUET. Châtiment qu'on inflige aux femmes persanes. CLVII.

FOUS. Les Français « enferment quelques fous dans une maison, pour prouver que les autres ne le sont pas. » LXXVIII.

FRAGMENT d'un ancien mythologiste, sur le fils d'Éole, Law. CXLII.

FRANÇAIS. Leur activité : « ils courent, ils volent. » XXIV.

Leur vanité, exploitée par Louis XIV. *Ibid.*

Le roi les fait penser comme il veut. *Ibid.*

Leurs perpétuelles accolades. XXVIII.

Leur gaieté, leur liberté d'esprit inconnues aux Persans et aux Turcs. XXXIV.

Ils parlent beaucoup. LXXXIII.

Leur badinage. LXIII.

Leurs modes. C.

Leur prééminence en toilette, cuisine, coiffures CI.

Leur amour de la gloire. XC.

Ils ont pris de leurs voisins tout ce qui concerne le gouvernement politique et civil. CI.

Leur droit écrit, coutumier et canonique. *Ibid.*

FRANCE. Sa population n'est rien en comparaison de celle de l'ancienne Gaule. CXIII.

Un des plus puissants États d'Europe. CIII.

Allusion à la guerre avec l'Espagne, sous la Régence. CXXXII.

G

GAITÉ. Gaieté des Français, inconnue des Persans, surtout des Turcs. XXXIV.

GALE. Remède recommandé contre la gale, gratelle, teigne, etc. CXLIII.

GALICE, province d'Espagne, lieu de pèlerinage. XXIX.

GARDES. En quelle occasion les rois de France se donnèrent des gardes. CIII.

GAULES. Colonies grecques dans les Gaules.

Dans les temps les plus reculés, on ne voit guère de monarchies chez les Gaulois. CXXXI.

GEMCHID (nom du fondateur légendaire de la royauté Perse), dervis du brillant monastère de Tauris. Usbek lui énumère les conformités du christianisme et de l'islamisme, et lui demande si les chrétiens iront en enfer. XXXV.

GÉNÉALOGISTE. Pauvre métier. Espérances que fonde un généalogiste sur les enrichissements subits dus au système de Law. CXXXII.

GÊNES, république, qui n'est remarquable que par ses bâtiments. CXXXVI.

GENGISKAN, ses conquêtes mises au-dessus de celles d'Alexandre. LXXXII.

GÉOMÈTRE. Esprit exclusif d'un géomètre, sa rencontre avec un traducteur d'Horace. CXXIX.

Les géomètres obligent un homme malgré lui d'être persuadé. CXXXV.

GÉORGIE, royaume jadis vassal de la Perse. XCII.

GLOIRE. C'est une nouvelle vie qu'on acquiert.

Le désir de la gloire croît

avec la liberté ; la gloire n'est jamais compagne de la servitude.

Amour des Français pour la gloire. XC.

Glossateurs, peuvent se dispenser d'avoir du bon sens. CXXXV.

Goa. Les habitants de Goa prêtent vingt mille pistoles sur une des moustaches de Jean de Castro. LXXVIII.

Gortz (baron de), ministre suédois condamné à mort. CXXVIII.

Goths, déposaient leurs rois dès qu'ils n'en étaient pas satisfaits. CXXXI.

Gouvernements, monarchiques en Europe, avec tempéraments ; absolus en Orient. CIII.

Diversité des gouvernements en Europe. Le plus parfait est celui qui va à son but à moins de frais et qui conduit les hommes selon leur inclination.

Supériorité rationnelle d'un gouvernement doux. LXXXI.

La douceur du gouvernement, les républiques, Suisse et Hollande, en sont une preuve constante, contribue à la propagation de l'espèce. CXXIII.

Grâce. Le droit de grâce, attribut des rois en Europe. CIII.

Grammairiens, peuvent se dispenser d'avoir du bon sens. CXXXV.

Grands. En Perse, il n'y a de grands que ceux à qui le monarque donne quelque part au gouvernement. LXXXIX.

Gravitation, la clef de la nature. XCVIII.

Gravité. Causes de la gravité des Asiatiques. XXXIV.

La gravité est le caractère saillant des Espagnols et des Portugais. LXXVIII.

Grèce, aujourd'hui réduite à la centième partie de ses habitants. CXIII.

Tira ses colonies d'Egypte et d'Asie, renversa ses tyrans, se divisa en républiques qui tinrent en échec la Perse, répandirent les arts, peuplèrent l'Italie, colonisèrent la Gaule, et l'Espagne. CXXXI.

Guèbres. Antiquité de leur religion ; mariage de la sœur avec le frère, « usage introduit par Cambyse » (?) LXVII (Aphéridon et Astarté).

La persécution a privé la Perse de « cette nation si appliquée au labourage » (allusion à l'édit de Nantes). LXXXVI.

Guerre. Deux sortes de guerres justes : pour défendre le sol, pour secourir un allié.

La guerre, c'est la peine de mort transportée dans le droit public.

La déclaration de guerre est régie par les mêmes principes que l'accusation en droit privé. XCVI.

Il n'y a jamais eu autant de guerres civiles que dans l'empire du Christ. XXIX.

Les guerres de religion ne sont pas dues à la multiplicité des religions, mais à l'intolérance. LXXXVI.

Guerrier. Vanité et babil du vieux guerrier. Les officiers médiocres languissent dans les emplois obscurs. XLVIII.

Guilan, province où Cha-Abbas déporta les Arméniens. CXXII.

Guinée. Vanité d'un roi de Guinée dont tous les ornements consistaient en sa peau noire et luisante et quelques bagues. XLIV.

Ses côtes dépeuplées par la traite des nègres ;

Ses rois vendent leurs sujets. CXIX.

Guitare. Abus qu'en font les Espagnols. LXXVIII.

Guriel, petit Etat d'Asie, peu peuplé. CXIII.

Gustape (Hystaspe), nom d'un héros perse, quatrième roi de l'antique dynastie Kaïanienne, sous lequel vivait Zoroastre. LXVII.

Les Tartares se sont assis sur le trône de Cyrus et Gustaspe. LXXXII.

H

Habillement, son influence sur la curiosité publique en France. XXX.

Hagi, qui a fait le pèlerinage de la Mecque. XXXIX.

Hassein, dervis de la montagne de Jaron. Usbek lui adresse la lettre sur les philosophes rationalistes. XCVIII.

Hérésie. Les savants en sont naturellement accusés. CXLV.

Hérétiques. Ceux qui mettent au jour quelque proposition nouvelle sans avoir présenté au moins une distinction. XXIX.

Brûlés par les dervis en Espagne et Portugal. LIX, LXXVIII.

Allusion à l'édit de Nantes. LIX.

Héros, se ruinent à conquérir des pays qu'ils perdent soudain. CXXII.

Les héros de roman français et orientaux. CXXXVII.

Hibernois (?), chassés de leur pays, viennent utiliser en France leur talent pour la dispute. XXXVI.

(Note de l'édition Lefèvre. 1820.)

Historiens de l'Église, de la décadence romaine, de l'empire d'Allemagne, de France, d'Espagne, d'Angleterre, de Hollande, d'Italie, de Suisse, de Venise, de Gênes, du Nord, de la Pologne.

Caractère et destinée des différents peuples. CXXXVI.

Hohoraspe (le cheval de l'asoura ou le cheval-être), divinité persique (?), nom donné à un fabuleux Cambyse, père de Gustape et troisième roi de la dynastie Kaïanienne. LXVII.

Hollande, république citée avec éloge. LXXII.

Seconde reine de la mer, respectée en Europe, formidable en Asie. CXXXVI.

Les Hollandais poussèrent les colonies portugaises à la révolte pour s'en emparer CXXII.

Homère. Dispute sur les poëmes et le mérite d'Homère. XXXVI.

Hommes (en général) nés pour être vertueux; la justice leur est aussi propre que l'existence. X.

Ils rapportent tout à leurs idées, XLIV; à leurs souvenirs, LIX; s'exagèrent leur place dans l'univers, LXXVI; cèdent trop volontiers aux passions et à l'intérêt immédiat qui leur voilent les avantages de la justice, si nécessaire à leur sécurité et à leur bonheur. LXXXIV.

La fausseté de leurs espérances et de leurs craintes les rend malheureux. CXLIII.

Il semble que le fait d'être assemblés en grand nombre rétrécisse leur esprit. CX.

Ils n'ont sur les femmes qu'un pouvoir tyrannique. Ils sont les plus forts. XXXVIII.

Les soupçons et la jalousie les mettent dans la dépendance des femmes. LXII.

Hommes lâches qui abandonnent leur foi pour une médiocre pension. CXLV.

Hommes a bonnes fortunes, leur fatuité, leur indignité sociale. XLVIII.

Honneur. Le sanctuaire de l'honneur, de la réputation et de la vertu, semble être établi dans les républiques.

Un sujet blessé dans son honneur par son prince quitte sur-le-champ sa cour, son emploi, son service. XC.

Huguenots. La persécution qui les a jetés en exil n'a point profité à la France. LX.

Humanité. Les devoirs de l'humanité priment les règles de la religion. A ce point que toutes les religions les ont inscrits en tête de leurs préceptes. XLVI.

I

Ibben, un des correspondants ordinaires d'Usbek et de Rica, négociant à Smyrne, oncle de Rhédi. XXIII, XXIV, XXV, XXIX, XXX, XXXIV, XXXVII, XXXVIII, XL, LV, LVI, LX, LXVIII, LXXVI, LXXVII, LXXXIII, XC, CXIX, CIII-CV, CVIII, CXXVIII, CXXXVIII.

Ibbi, esclave qui a suivi Usbek, correspondant du grand eunuque noir. IX.

Ibbi (hagi), écrit à Ben Josué sur la naissance merveilleuse de Mahomet. XXXIX.

Ignorance. Les monarchies n'ont été fondées que sur l'ignorance et ne subsistent que par elle, témoins les royautés d'Orient. CVI.

Heureuse ignorance des musulmans. *Ibid.*

Ignorants. Un ignorant se dédommage en méprisant le mérite. CXLV.

Iles peuplées par des malades que quelques vaisseaux y avaient abandonnés. (L'île de France et la Réunion.) CXXII.

Immaums (Imans), saints et prophètes musulmans. Il y en a douze (les douze premiers successeurs de Mahomet). Treizième iman est un compliment comme dixième muse. Les imans sont des prêtres chargés de faire la prière publique, de prêcher le vendredi; ils assistent à la circoncision, aux mariages, aux enterrements XVI, XCIV.

Immeubles. Deux appréciations de ce genre de biens. CXXXII.

Immortalité (de l'âme). On y croit par semestre. LXXV.

Pour « mourir du côté de l'espérance. » *Ibid.*

Impie. Impie ou dévot, selon le tempérament, la digestion, la santé. LXXV.

Impots. Ils pèsent sur l'agriculture, l'industrie, CXXV.

Et la nourriture du peuple. *Ibid.*

Le vin, très-imposé, est cher à Paris. XXXIII.

Impureté, viandes immondes, impureté des cadavres.

« Les choses ne sont en elles-mêmes ni pures, ni impures... La boue ne nous paroît sale que parce qu'elle blesse notre vue ou quelque autre de nos sens. » XVII.

Légende musulmane sur l'impureté du cochon et du rat. XIX.

Inde. Les « hommes de chair blanche » dans l'Inde. Leur orgueil. LXXVIII.

Industrie. Les revenus industriels supérieurs à ceux de l'agriculture.

Avec une pistole de couleurs le peintre en gagne cinquante, etc., etc. CVII.

INFAILLIBILITÉ de ceux que l'Esprit-Saint éclaire — et qui ont grand besoin d'être éclairés. CII.

INJUSTICE. Les hommes peuvent faire des injustices, parce qu'ils ont intérêt de les commettre; nul n'est mauvais gratuitement. LXXXIII.

INQUISITION. Elle sévit en Espagne et en Portugal. Sa cruauté et son hypocrisie. XXIX.

Elle ne fait jamais brûler un juif « sans lui faire ses excuses. » LXXVIII.

Elle présume l'accusé coupable. XXIX.

INSTABILITÉ des honneurs et des fortunes en Orient. Aujourd'hui général, cuisinier demain. XC.

INTERCESSEUR. Chrétiens et mahométans croient à la nécessité d'un intercesseur auprès de Dieu. XXXV.

INTÉRÊT. « L'intérêt particulier se trouve dans l'intérêt commun. » XII.

La raison de l'injustice est toujours « une raison d'intérêt. » LXXXIV.

Leur intérêt est toujours ce qu'ils (les hommes) voient le mieux. *Ibid.*

« L'intérêt est le plus grand monarque de la terre. » CVII.

INTERPRÈTES, ont cherché dans l'Ecriture la confirmation de leurs idées particulières. CXXXIV.

INTOLÉRANCE, ses résultats funestes, son iniquité. LXXXVI.

INTRIGANTS, souffleurs, magiciens, devins, femmes fardées, gens de loi, maîtres de langues et d'arts, boutiquiers, etc. LVIII.

INVALIDES. Éloge des Invalides. LXXXV.

IRIMETTE, petit royaume voisin de la Perse. CXIII.

Fort dépeuplé. *Ibid.*

IRRÉLIGION. Les savants en sont nécessairement accusés. CXLV.

ISBEN-ABEN, historien arabe. XXXIX.

ISIS, divinité égyptienne, symbolisant l'autorité de la femme. XXXVIII.

ISPAHAN (ville des chevaux, ou du soleil considéré comme le coursier céleste), capitale de la Perse, dépérit et serait changée en désert par la polygamie, si les rois n'y transportaient sans cesse des nations entières CXV.

ITALIE, partagée en un nombre infini de petits États ouverts comme des caravansérails. CIII.

Au temps des premières colonies grecques, il n'y avait guère de monarchies en Italie. CXXXI.

Jadis maîtresse du monde, aujourd'ui esclave des autres nations. CXXXVI.

J

JALOUSIE. Jalousie musulmane. VI.

Jalousie française. LV;
Jalousie espagnole. LXXVIII.

La jalousie des hommes prouve leur dépendance. LXII.

Jalousie mutuelle des sectes religieuses; elle descend jusqu'aux particuliers. LXXXVI.

JALOUX. Ridicules en France. LV.

JAMBLIQUE, purgatif. CXLIII.

JANSÉNISTES, désignés. XXIV.

JAPHET raconte, par ordre de Mahomet, les légendes de l'arche de Noé. XVIII.

JARON, eunuque noir en correspondance avec le grand eunuque. XV, XXII.

JÉSUITES. Constitution des Jésuites, purgatif violent;

Pièces des Jésuites français, vomitif puissant. CXLIII.

JEU. « Très en usage en Europe : c'est un état que d'être joueur. » LVI.

Les jeux de hasard interdits par Mahomet. *Ibid.*

JEUNES. Les chrétiens en ont comme les musulmans. XXXV.

JOUEUSES, leur portrait. LVI.

JOURNALISTES. Ils ne parlent que des livres nouveaux et flattent les auteurs. CIX.

JOURNAUX. Livres par fragments. Leurs avantages et leurs défauts.

Ils flattent la paresse. CIX.

JUDAISME, « vieux tronc qui a produit deux branches qui ont couvert toute la terre. » LX.

JUGES. Ils ne s'enflent point d'une vaine science. Les avocats travaillent pour eux. LXVIII.

Ils présument qu'un accusé est innocent. XXIX.

JUIFS. Ils font en France ce qu'ils font en Perse. Leur obstination invincible pour leur religion. LX.

« Ils n'ont jamais eu dans l'Europe un calme pareil à celui dont ils jouissent... On s'est mal trouvé en Espagne de les avoir chassés. » *Ibid.*

Les Juifs lèvent les impôts en Turquie; persécutés par les pachas. XIX.

Ils achètent les enfants. LXVII.

Les Juifs se maintiennent et multiplient, par l'espoir d'engendrer un Messie. CXX.

Transportés en Sardaigne par les Romains. CXXII.

JUSTESSE, « Martyr de sa justesse » un esprit trop régulier, trop géométrique, ressemble à Tarquin, à Thrasybule ou à Périandre coupant avec leur épée « la tête des fleurs qui s'élevaient au-dessus des autres. CXXIX.

JUSTICE. Les hommes sont « nés pour être vertueux; la justice est une qualité qui leur est aussi propre que l'existence. » X.

La justice est inséparable de la solidarité, de la garantie mutuelle du droit.

« L'intérêt des particuliers se trouve dans l'intérêt commun. » XII.

La justice est un rapport de convenance qui se trouve réellement entre deux choses.

Dès qu'on suppose que Dieu voit la justice, il faut nécessairement qu'il la suive.

Quand il n'y aurait pas de Dieu, nous devrions toujours aimer la justice.

La justice est éternelle. Si elle ne l'était pas, ce serait une vérité terrible qu'il faudrait se dérober à soi-même.

Plaisir d'être juste. LXXXIV.

La justice est violée par le droit public faussé. XCV.

En France elle se mêle de tous les différends de famille; elle est toujours contre le mari jaloux, le père chagrin, le maître incommode. LXXXVII.

JUSTICE DIVINE, incompatible avec la prescience. LXIX.

L

Lacédémone. Les récompenses à Lacédémone. XC.

Si Lycurgue avait établi que les maris changeassent de femmes tous les ans, il en serait né un peuple innombrable. CXVII.

Lapin, immonde pour le juif. Discussion du Juif, du Turc, de l'Arménien, du brachmane à propos d'un lapin. XLVI.

Laquais. En France, le corps des laquais est un séminaire de grands seigneurs. XCVIII.

Leurs enrichissements subits par la spéculation.

Leur vanité. CXXXVIII.

Law. Un étranger est venu… qui a tourné l'État comme un fripier tourne un habit, etc. CXXXVIII.

Son portrait allégorique en tant que fils d'Éole. CXLII.

Corruption qui résulte du système et de l'agiotage effréné. CXLVI.

Légendes mahométanes sur les viandes et les animaux immondes. XVIII.

Sur la naissance de Mahomet. XXXIX.

Législateurs, leurs défauts ordinaires et leurs ridicules : étroitesse, puérilité, subtilité, emploi d'une langue morte, etc. LXXIX.

Lèse-majesté, seul crime politique qui entraîne la mort pour les grands d'Europe. CIII.

Selon les Anglais, c'est le crime que le plus faible commet contre le plus fort, aussi bien s'il est roi que s'il est peuple. CV.

Lettres, avantages du roman par lettres : « l'on rend compte soi-même de sa situation actuelle ; ce qui fait plus sentir les passions, que tous les récits qu'on en pourroit faire. »
(*Quelques réflexions sur les Lettres Persanes.*)

Lettres intercalées dans d'autres :

D'une comédienne perdue par un jeune abbé. XXVIII.

D'une jeune russe qui veut être battue. LI.

D'un Français voyageant en Espagne. LXXVIII.

D'un savant. CXLV.

Trois de nouvellistes. CXXX.

D'un antiquaire. CXLII.

D'un médecin de province. CXLIII.

Lever. La présence assidue au lever du roi est un titre aux libéralités et aux faveurs. XXXVII, CXXV.

Libéralités. Grâces et pensions accordées par les princes aux courtisans, aux dépens de l'agriculture et de l'industrie. CXXIV.

Liberté supprimée par la prescience divine. Liberté d'indifférence. LXIX.

La liberté existe surtout dans les républiques ; favorable à la propagation de l'espèce et aux progrès de l'opulence. Elle attire les étrangers. CXXIII.

La liberté semble faite pour le génie des peuples d'Europe. CXXXI.

La liberté chez les ancêtres des peuples du Nord. *Ibid.*

Libre arbitre, incompatible avec la prescience. LXIX.

Lionne (M. de L.) président des nouvellistes. CXXX.

Livourne, ville nouvelle, témoignage du génie des ducs de Toscane. XXIII.

Livres. Contre les faiseurs de livres inutiles,

Respect qu'on doit aux ouvrages originaux. LXVI.

Absence de bon sens dans les livres espagnols, romans ou scolastiques. Exception en faveur de Don Quichotte. LXXVIII.

Le sujet est délayé selon le format des livres. CIX.

Jusqu'à ce qu'un homme ait lu tous les livres anciens, il n'a aucune raison de leur préférer les nouveaux. *Ibid.*

Les diverses espèces de livres. CXXXIII-CXXXVII.

Lois. Lois variables des législateurs.

Lois éternelles, immuables, de la nature. XCVIII.

Lois anciennes établies par les rois Francs, oubliées pour des lois romaines en partie rédigées par les Byzantins.

Ajoutez les constitutions des papes et quelques coutumes de villes et provinces, récemment rédigées ; plus les commentaires, les formalités et la jurisprudence.

Cette abondance de lois, en France, accable également la justice et les juges. » CI, LXXIX.

Il ne faut toucher aux lois que d'une main tremblante. LXXIX.

Les lois contre les suicidés sont injustes parce qu'elles sont sans objet. Elles ne lient pas les morts. LXXVI.

Chez les barbares germaniques, les lois étaient faites dans les assemblées de la nation. CXXXI.

Louis XIV, son portrait, sa dévotion, sa puissance, sa maîtresse, ses ministres, sa vieillesse. XXIV, XXXVII.

Trop peu modéré envers les ennemis. XXIV.

Son goût pour les femmes. CVIII.

Sa mort et son testament. XCIII.

Son amour pour la politique orientale, c'est-à-dire le despotisme. XXXVII.

Louis XV, son enfance. XCIII.

Son portrait. Les espérances qu'il donne. CVIII.

Lucifer jeté au fond de la mer, lors de la naissance de Mahomet, nage quarante jours XXXIX.

Lumière, son trajet du soleil à la terre. XCVIII.

Lunettes, insignes de la gravité espagnole et portugaise, symbole de science. LXXVIII.

Luxe, nécessaire à la prospérité des nations. CVII.

M

Mages, prêtres du magisme ou mazdéisme. LXVII.

Adorateurs du soleil, des étoiles, du feu et des éléments ;

Mais leur religion, calomniée par les musulmans, est, selon Montesquieu, un pur monothéisme. *Ibid.*

(Le mazdéisme est un polythéisme dualiste où la lumière et les ténèbres (le bien et le mal) luttent dans le temps et l'espace sans bornes.)

Les mages enseignaient que les actes les plus méritoires sont : faire un enfant, labourer un champ, planter un arbre. CXX.

Magiciens. Ils promettent « de vous faire coucher avec les esprits aériens, pourvu que vous soyez seulement trente ans sans voir de femmes. » LVIII.

Magie. Les savants en sont accusés. CXLV.

Magistrats. Ils doivent

rendre la justice de citoyen à citoyen. XCVI.

Mahomet, sa naissance merveilleuse. XXXIX.

Il naît circoncis. *Ibid.*

Ses prescriptions relatives aux viandes immondes. XVIII.

Il a enchaîné Satan et l'a précipité dans les abîmes ;

Il a purifié la terre. XCIV.

Mahométans. Plus persuadés de leur religion que les chrétiens. LXXV.

Croient à la vertu des amulettes et talismans. CXLIII.

Mahométisme. Peu favorable à la propagation de l'espèce humaine. CXV.

Issu du judaïsme, LX.

Comparé au christianisme, XXXV.

Ferme la vie future aux femmes. LXVII.

Établi par conquête et non par persuation. *Ibid.*

Maimbourg, bon contre l'asthme. CXLIII.

(Louis Maimbourg, né à Nangis en 1610, exclu de la compagnie de Jésus par Innocent XI, pour avoir écrit contre Rome, en faveur du clergé de France (1682); mort en 1686.)

Maine (duc du). Arrestation du duc du Maine, oncle naturel du roi mineur. CXXVII.

Maîtres de sciences, arts, etc., enseignent souvent ce qu'ils ignorent. LVIII.

Maîtresse. Maîtresse et confesseur, les deux grandes épreuves d'un roi. CVIII.

Une femme est la maîtresse d'un ministre, non pour coucher avec lui, mais pour lui présenter cinq ou six placets tous les matins. *Ibid.*

Louis XIV a une maîtresse de quatre-vingts ans. XXXVII.

Malheurs. Pour un vrai musulman, les malheurs sont moins des châtiments que des menaces. LXXVII.

Malte (chevaliers de), bravent l'empire ottoman. XIX.

Mandement. Évêque qui a « bien sué » pour le faire. CII.

Marchandes. A Paris « une jeune marchande cajole un homme une heure entière, pour lui faire acheter un paquet de curedents. » LVIII.

Nombre infini de jeunes marchandes aux abords du palais. LXXXVII.

Mariages. Il y a « des mariages heureux et des femmes dont la vertu est un gardien sévère. » XLVII.

Mariages d'eunuques : Cosrou et Zélide. LIII ; Astarté, sœur d'Aphéridon. LXVII.

Mariages entre frère et sœur. *Ibid.*

Avanie faite par Suphis à sa jeune femme. LXX.

Charges du mariage chez les musulmans. CXV.

Chez les chrétiens, l'interdiction du divorce porte atteinte à la fin même du mariage. CXVII.

Le mariage chrétien est une image, une figure, un mystère incompréhensible. *Ibid.*

En fait, il est stérilisé par l'impuissance de le rompre. *Ibid.*

Mariages précoces causés par la crainte d'un enrôlement forcé. De là, dépopulation. CXXIII.

Maris. Facilité des maris français.

Les jaloux sont haïs et ridicules. LV.

Les maris eunuques « n'ont pas sur leurs femmes la même autorité que les autres. » LXVII.

Une veuve indienne renonce au bûcher dès qu'elle sait que son mari l'attend au ciel. CXXVI.

Matière, son mouvement universel. CXIV.

Quelques-uns ne peuvent comprendre qu'elle n'ait que six mille ans. *Ibid.*

Maures. Vide irréparable causé en Espagne par l'expulsion des Maures. CXXII.

Mazarin. Pataqués qu'on lui prête, chanson qu'on fait sur lui. Allusion à ses pages. CXII.

Mécontents. Vieux guerrier. XLVIII.

Vieilles femmes, goutteux, vieux seigneurs, ecclésiastiques, etc. LIX.

Mécque (la). Les musulmans croient s'y purifier des souillures contractées parmi les chrétiens. XV.

Médecine. Ravages de la *forme* en médecine. CI.

Les livres de médecine font trembler, même quand ils traitent des maladies les plus légères. CXXXV.

Médecins. Toujours trop estimés ou trop méprisés. Les héritiers s'en accommodent mieux que des confesseurs. LVII.

Lettre d'un médecin de province. CXLIII.

« Il y a dans tous les coins de Paris des gens qui ont des remèdes infaillibles contre toutes les maladies imaginables. » LVIII.

Médiocrité (d'esprit). L'homme médiocre est en général préféré à l'homme d'esprit. CXLV.

Méditerranée. Décadence de ses côtes. CXIII.

Méhémet-Ali, mollak, gardien des trois tombeaux, à Com, correspondant d'Usbek. XVI, XVII, XVIII, CXXIV.

Mercure (vif-argent), son usage continuel et forcé fait périr par milliers les indigènes de l'Amérique espagnole. CXIX.

Messianiques, croyances juives. Point de famille juive qui n'espère engendrer le messie. CXX.

Mesure des fluides et des liquides, des esprits interplanétaires. XCVIII.

Métaphysique. L'infini s'y rencontre partout. CXXXV.

Métempsycose alléguée par un brachmane contre un mangeur de lapin. XLVI.

Meurtre. Les curieux qui regardent les Persanes de trop près sont tués impunément par les eunuques, même dans une rivière et hors du sérail. XLVII.

Mexique. Orgueil et paresse des conquérants espagnols au Mexique. LXXVIII.

Mines. Sont, en Amérique, le tombeau des indigènes et des nègres. CXIX.

Le roi d'Espagne possède des mines d'or. XXIV.

Ministres. Enclins à calomnier la nation; toujours plus méchants que le prince dont ils attisent les haines. Le premier ministre de Charles XII, condamné à mort. CXXVIII.

Louis XIV a un ministre de dix-huit ans. XXXVII.

Les ministères se succèdent comme les saisons. CXXXVIII.

Danger de l'autorité sans bornes des ministres de Louis XIV. *Ibid.*

Le mauvais exemple donné par un ministre est un crime. CXLVI.

Minorité. On ne lit plus que des mémoires sur la minorité de Louis XIV. CXII.

Miracle chimique manifesté dans une mixture d'infusion Quesnel et d'infusion Lallemand. CXLIII.

Miracles. « Pour s'assurer

qu'un effet qui peut être produit par cent mille causes naturelles est surnaturel, il faut avoir examiné si aucune de ces causes n'a agi ; ce qui est impossible. » CXLIII.

Mirza, ami et correspondant d'Usbek. XI, XII, XIII, XIV, LXXXVI.

Mirza (de *Mard* = *mort*-alis, = μβροτ-ος, homme) est un titre honorifique persan que les gens de lettres mettent avant leur nom et les princes après.

Misère. Chez les peuples misérables, l'espèce perd et même dégénère. CXXIII.

Le pauvre évitera de faire des enfants plus pauvres que lui. *Ibid.*

Mode. Ses caprices étonnants chez les Français. C.

C'est d'après elle qu'ils jugent « tout ce qui se fait chez les autres nations. » CI.

Modestie. Vertu nécessaire au talent. L.

Eloge des hommes modestes. CXLIV.

Mœurs. Les Français changent de mœurs selon l'âge de leur roi. C.

Mogol. Le grand Mogol se fait peser tous les ans. XL.

Les Tartares dominent sur les vastes pays qui forment l'empire du Mogol. LXXXII.

Expulsion d'un ambassadeur mogol. CXXVII. (Allusion à la conspiration de Cellamare.)

Moines. Voy. Dervis.

Moïse n'enseigne pas le dogme de la prescience absolue. LXX.

Molina. Emollient. CXLIII.

(Casuiste espagnol, XVIe siècle.)

Mollaks (ou mollahs), prêtres musulmans, qui « me désespèrent avec leurs passages de l'alcoran. » Lettre X.

(En Perse, les mollahs sont des prêtres ; en Turquie des juges.)

Monachisme, porte partout la mort. CXVIII.

Monarchie. Etat où la vertu n'est plus qu'obéissance au caprice d'un seul. XIV.

Très-inférieure moralement au régime républicain, elle abaisse le niveau des mœurs en substituant à la loi et à la vertu l'autorité et l'arbitraire. *Ibid.*

La monarchie pure, état violent qui dégénère toujours en despotisme ou en république. CIII.

Monde. N'a-t-il que six mille ans ? Il ne faut pas compter ses années. CXIV.

Dépopulation croissante du monde. Ses causes. CXIII et suivantes.

Monde (nouveau). Découvertes immenses et dévastatrices des Portugais et des Espagnols. LXXVIII.

Monde romain, mieux organisé pour la propagation de l'espèce que les mondes chrétien et musulman. CXV.

Monnaies. Le décri des monnaies est un artifice financier proche du faux-monnayage et pratiqué par Louis XIV. XXIV.

Montesquieu paraît se peindre dans Usbek. XLVIII, Ibben, LXXVII, Rica, CXXVII.

Semble annoncer la *Décadence des Romains*. CXXXVI.

Morale. Les livres de morale, plus utiles que les ouvrages de dévotion. CXXXIV.

Mortifications. Chrétiens et musulmans en usent pour fléchir la miséricorde divine. XXXV, XCIV.

Moscovie. Les Tartares « ont soumis la Moscovie. » LXXXII.

Mouches. Leur abus. C.

Moustache. Importance de la moustache en Espagne et en Portugal.

La moustache de Jean de Castro. LXXVIII.

Mouvement. Ses lois constituent le système du monde. XCVIII.

La nature y est soumise, sans exception, *Ibid.*

Et la terre n'y peut échapper. CXIV.

Mustapha proclamé, à la place d'Osman, empereur des Turcs. LXXXI.

Musulman. Sa vie est laborieuse. La polygamie l'épuise. CXV.

Mystiques; dévots qui ont le cœur tendre. Leurs extases, délire de la dévotion. Leurs livres. CXXXIV.

Mythologiste. Fragment d'un ancien mythologiste (portrait allégorique de Law). CXLII.

N

Nadir. Eunuque blanc, trouvé seul avec Zachi. XX, XXI.

Naissance. Il y a en Europe des gens qui sont grands par leur naissance. LXXXIX.

Nargum, ambassadeur Persan à Moscou. LI, LXXXII.

Narsit, eunuque peu clairvoyant. CXLIX, CL, CLII.

Nathanael Lévi, médecin juif à Livourne, croit aux talismans CXLIII.

Nations. Leurs rapports, d'où résulte la notion du droit public. Deux peuples ne peuvent s'allier pour l'oppression d'un troisième. XCVI.

Nature. Elle a perdu sa fécondité des premiers temps. CXIII.

Elle agit avec lenteur et épargne. Si on la surmène, elle tombe dans la langueur et perd sa force génératrice. CXV.

Nègres. Leurs dieux sont noirs et leur diable blanc. LIX.

Leurs rois les vendent comme esclaves. CXIX.

Et les princes chrétiens autorisent la traite. LXXV.

Les noirs d'Afrique meurent par milliers dans les mines américaines. CXIX, CXXII.

Nessir, ami et correspondant d'Usbek. VI, XXVII, CLV.

Noailles (N***), ministre hardi qui prit le fer à la main, etc. CXXXVIII.

Connu par son esprit, il honore de ses plaisanteries les traitants livrés à la chambre de justice. XCIX.

Noblesse. « En Espagne, c'est sur des chaises que la noblesse s'acquiert. » LXXVIII.

Les laquais enrichis voudront se faire nobles. Espoir d'un généalogiste. CXXXII.

Nord. Autrefois plein d'hommes; est fort dégarni. CXXIII.

C'est du Nord qu'une foule de nations inconnues fondirent sur l'empire romain;

Ces peuples étaient libres, et leurs rois n'étaient que des généraux. CXXXI.

Ils n'étaient point barbares puisqu'ils étaient libres; ils le sont devenus. CXXXV.

Notre-Dame. Superbe édifice. LXI.

Nouvellistes. Inventeurs de nouvelles. Leurs ridicules, leurs prédictions, leurs paris. Lettres plaisantes de nouvellistes à des particuliers et à des ministres. Leurs lieux de réunions. Leur président, le comte de Lionne. CXXX.

Nouvelliste trembleur. CXXXII.

O

OBÉISSANCE; n'est pas une vertu anglaise. Les Anglais la fondent sur la gratitude. CV.

OCCULTES. Livres de science, ou mieux d'ignorance occulte, plus pitoyables qu'exécrables. CXXXV.

OPÉRA. Lettre de la plus vertueuse actrice de l'Opéra. XXVIII.

OPÉRAS NOUVEAUX. Vomitif. CXLIII.

OPULENCE toujours compagne de la liberté des peuples. CXXIII.

OMAR, troisième successeur de Mahomet, au mépris des droits d'Ali. Les persans, Chiites, c'est-à-dire sectateurs d'Ali, disent qu'Omar, Apôtre des Sonnites « a dévoyé » les enfants du prophète. CXXIV.

OR. Le roi de France n'a pas de mines d'or comme le roi d'Espagne. XXIV.

L'or et l'argent, prix de toutes marchandises, gage de leur valeur. Pernicieux effets de leur diffusion. CVI.

Nombre innombrable d'hommes sacrifiés pour extraire l'or et l'argent du fond de la terre. CXIX.

ORAISONS FUNÈBRES. Leur fausseté. XL.

Entrent dans le vomitif du docteur de province, sauf celles de Fléchier. CXLIII.

ORATEURS. Leur talent de persuader indépendamment des raisons. CXXXV.

ORDONNANCE concernant les services des courtisans et l'établissement des impôts nécessaires aux libéralités des princes. CXXV.

ORGUEIL. Orgueil de l'homme, qui veut « être compté dans l'univers. » LXXXVII.

Orgueil de religion et de race chez les Portugais et les Espagnols. LXXVIII.

Les *vieux chrétiens* en Espagne;

Les *blancs* en Amérique. *Ibid.*

ORIENTALES moins gaies que les Européennes. XLVIII. (Voir *Femmes*.)

ORIENTAUX. Le sérail tue leurs désirs sans éteindre leur jalousie. VI.

Leur gravité, la froideur de leurs relations. XXXIV.

Leurs poésies, leurs romans. CXXXVII.

Le despotisme de leurs princes et la rigueur des châtiments les portent à la révolte et aux derniers excès. LXXXI, CIII.

OSMAN, sultan déposé par des suppliants. LXXXI.

OSMANLINS. Voir Turcs.

P

PAGANISME, favorable à la propagation de l'espèce humaine. CXV.

Supérieur au mahométisme par l'interdiction de la polygamie, au christianisme par la permission du divorce. *Ibid.* et CXVII.

PALAIS. Lieu où se rend la justice, ses abords Aspect lugubre des salles et des magistrats. LXXXVII.

PALESTINE. Déserte depuis la destruction des Juifs par Adrien. CXXII.

PAPE. « Magicien » plus fort que le roi, dont il dirige l'esprit, lui faisant croire « que trois ne sont qu'un; que le pain qu'on mange n'est pas du

pain, ou que le vin qu'on boit n'est pas du vin. » XXIV.

Chef des chrétiens, « vieille idole qu'on encense par habitude, »; il déposait les rois; il se dit successeur d'un des premiers chrétiens, qu'on appelle saint Pierre; il donne des dispenses. XXIX.

Effet de l'histoire des papes sur l'esprit du lecteur. CXXXVI.

Papier d'état. Louis XIV en abuse. XXIV.

(Décri des monnaies). *Ibid.*

Paracelse. Purgatif. CXLIII.

Paradis. Lieu de délices pour les chrétiens comme pour les musulmans. XXXV.

Les femmes en sont exclues par Mahomet. XXIV.

Embarras des religions pour donner une idée des plaisirs assurés aux élus : musique, circulation éternelle de par le monde, souvenir des amours terrestres. Toutes inventions ridicules. CXXVI.

Le paradis des femmes, conte persan. Les plaisirs et les vengeances de l'immortelle Anaïs. CXLI.

Parfumeuses qui réparent « par la force de leur art toutes les injures du temps. » LVIII.

Paris. « Siége de l'empire d'Europe. » XXIII.

« Aussi grand qu'Ispahan; »

Ville « batie en l'air; » extrêmement peuplée; embarras des rues; XXIV.

Extravagante curiosité des Parisiens pour tout ce qui sort de l'usage reçu. XXX.

Cherté du vin à Paris. XXXIII.

Usage du café à Paris; les cafés. XXXVI.

Paris, rendez-vous de tous les exploiteurs : alchimistes, magiciens, devins, entremetteuses, chercheurs de bénéfices, maîtres de langues, d'arts et de sciences, enseignant « ce qu'ils ne savent pas, » médecins, empiriques, marchands et marchandes accortes, tous ces gens-là cherchent à vivre dans une ville « qui est la mère de l'invention. » L'étranger sort de Paris « plus précautionné qu'il n'y est entré. » LVIII.

Paris jugé par un Espagnol. LXXVIII.

A Paris, règnent la liberté et l'égalité. Rien ne sauve un homme de la foule. LXXXIX.

Paris foyer de plaisir, donc d'art, de travail et d'industrie. CVII.

Parlements. Grands corps, affaiblis par les mœurs, abattus par la royauté; ruines qui rappellent un temple vénéré, image de la liberté publique. Ils sont réduits aux fonctions judiciaires, et ne retrouvent d'importance politique que dans quelques conjonctures imprévues.

Le régent a recours au parlement. XCIII.

Le parlement de Paris relégué à Pontoise, pour s'être opposé aux mesures exigées par Law. CXL.

Ces compagnies facilement odieuses aux rois. *Ibid.*

Parties. Parties de campagne où l'on veut s'amuser et où l'on bâille. CXI.

Parure. La parure d'une femme occupe cinquante artisans. CVII.

Paternité. L'enfant né dans le mariage est censé être au mari. LXXXVII.

Patrie. « Je voudrois voir les noms de ceux qui meurent pour la patrie écrits dans des registres qui fussent comme la source de la gloire et de la noblesse. » LXXXV.

Paysan. Riche ou pauvre, le rustique ou paysan peuple indifféremment. CXIII.

Les impôts pèsent principalement sur la nourriture et la famille du paysan. CXXV.

Pécule, propriété, mise de fonds et rançon de l'esclave antique. CXVI.

Peines. « Les peines plus ou moins cruelles ne font pas que l'on obéisse plus aux lois. » Témoin l'état moral de l'Asie.

Ce qui importe, c'est la gradation dans le châtiment. LXXXI.

Pèlerinages de la Mecque. XV.

De saint Jacques en Galice. XXIX.

Perruquiers. Les perruquiers français décident en législateurs sur la forme des perruques étrangères. CI.

Persans. Les plus tolérants de tous les mahométans. XXIX.

Leur haine contre les Turcs. VII.

Intempérance des monarques persans. XXXIII.

Persanes. (Voir *Femmes* et *Sérail*.)

Perse. Les Tartares, « maîtres de la Perse. » LXXXII.

Fort déchue de ce qu'elle était du temps des Xerxès et des Darius. CXIII.

La Perse antique était peuplée parce que les mages enseignaient un dogme favorable à la propagation. CXX.

Peste. Multitude de pestes mentionnées par l'histoire. Une, entre autres, brûla jusqu'à la racine des plantes. CXIV.

Petits-maitres au spectacle. XXVIII.

Dans les conversations, parlent sans rien dire ou font parler leur tabatière. Goûtés des femmes. LXXXIII.

Peuple. L'abolition de l'esclavage retirait le bas peuple de la puissance des seigneurs. LXXV.

Caractère et destinée des différents peuples. CXXXVI.

La puissance ne peut jamais être également partagée entre le peuple et le prince.

Le peuple en Europe et en Orient;

Le peuple anglais devant la royauté. CIII-CV.

Pharan ne veut pas être fait eunuque. XLI, XLII, XLIII.

Pharmacie nouvelle extraite des ouvrages des philosophes, orateurs, romanciers, poètes, théologiens et casuistes. CXLIII.

Philosophes ; « laissés à eux-mêmes, privés des saintes merveilles, ils suivent dans le silence les traces de la raison humaine. » XCVIII.

Leur supériorité sur les docteurs des religions diverses. *Ibid.*

Plaisanteries contre Aristote, et surtout les scolastiques, dans la lettre du médecin de province. CXLIII.

Les philosophes (métaphysiciens) ont un mépris souverain pour l'homme qui a la tête chargée de faits. CXLV.

Philosophie, ne s'accorde pas avec la théologie. LXVI, CXL.

Physique, bannit le merveilleux de l'univers. CXXXV.

Pierre le Grand. Ses réformes, son humeur sévère. LI.

Plaisir. La nature des plaisirs est d'être de courte durée. De là l'embarras des religions et le ridicule des plaisirs éternels qu'elles imaginent pour leurs paradis. CXXVI.

Plotin. Purgatif. CXLIII.

Poètes. Singulière opinion sur les poëtes. XLVIII.

Ils accablent la raison sous les agréments.

Ils ne sont pas rares chez les orientaux. CXXXVII.

Bucoliques, plaisent aux gens de cour;

Dramatiques, poëtes par excellence, maîtres des passions;

Epiques, sévèrement jugés; de là la froideur de Voltaire pour Montesquieu.

Lyriques, qui font de leur art une harmonieuse extravagance. CXXXVII.

Point d'honneur, tient à la passion de la gloire; caractère de chaque profession; plus marqué chez les gens de guerre, a réglé jadis la conduite des Français surtout des nobles; n'admet qu'une solution, le duel. (V. *Duel.*) XCI.

Politesse. En Espagne « un capitaine ne bat jamais son soldat sans lui en demander permission, et l'inquisition ne fait jamais brûler un juif sans lui faire ses excuses. » LXXVIII.

Politique. En Asie, les règles de la politique sont partout les mêmes. LXXXI.

Pologne. N'a presque plus de peuples. CXIII.

A mal usé de sa liberté et du droit d'élire ses rois. CXXXVI.

Polygamie. *La polygamie triomphante*, livre où il est prouvé que la polygamie est ordonnée aux chrétiens. XXXV.

La polygamie, défendue par le paganisme romain. CXV.

Elle engendre la langueur des hommes, l'étiolement des enfants, les querelles des femmes condamnées à une continence forcée, la fabrication des eunuques, le célibat des filles esclaves. C'est un agent de dépopulation. *Ibid.*

Pompes funèbres. Leur inutilité. XL.

Porphyre. Purgatif. CXLIII.

Portes, haussées, baissées ou élargies selon les parures des femmes. C.

Portugais. Voyez Espagne. LXXVIII.

Leur douceur relative dans le gouvernement de leurs colonies. Ils furent bientôt chassés de tous les pays qu'ils avaient découverts. CXXII.

Poudre. Depuis la poudre, plus d'asile contre l'injustice et la violence. CVI.

Mais depuis la poudre, batailles moins sanglantes. CVII.

Pourceau. Pourquoi immonde? XVIII.

Pouvoir. Il ne peut jamais être également partagé entre le peuple et le prince.

Le pouvoir des rois d'Europe est très-grand, modéré par leur intérêt. CIII.

Le pouvoir arbitraire, négation de la liberté et de l'égalité, assurant aux princes toutes les richesses, enraye la propagation de l'espèce. CXXIII.

Prescience divine, ni absolue, ni infinie, sous peine de contradiction et d'injustice.

Si elle est intermittente, elle n'est plus que caprice et fantaisie.

« L'alcoran et le livre des Juifs s'élèvent sans cesse contre le dogme de la prescience absolue. » LXIX.

Voir Dieu, Adam, liberté, âme.

Prestiges qui font gagner des batailles : le terrain, le nombre, le courage. CXLIII.

Prêtres. Rôle difficile du prêtre dans le monde; sa neutralité forcée. LVI.

L'envie d'attirer les autres dans son opinion est, pour ainsi dire, attachée à sa profession. » *Ibid.*

PRIÈRE. Postures exigées par les diverses religions. XLVI.

Prêtres chrétiens et musulmans prient sept fois par jour. XXXV.

PRINCE. Les querelles particulières du prince, le mécontentement des ambassadeurs du prince, ne peuvent légitimer une guerre. XCVI.

Il n'est pas de son honneur de s'allier avec un tyran. *Ibid.*

Autorité illimitée des princes en Orient. CIII.

En Europe, peu d'attentats contre la vie des princes.

En Orient, sans précautions infinies, les princes ne vivraient pas un jour. *Ibid.*

En se cachant, les princes d'Orient font respecter la royauté et non le roi. CIV.

C'est un crime de lèse-majesté à un prince de faire la guerre à ses sujets. CV.

PROCÉDURE. « Formalités dont l'excès est la honte de la raison humaine. » CI.

PROPAGATION. Conditions favorables à la propagation de l'espèce.

Divorce; suppression du célibat religieux. CXV, CXVII.

Accord du tempérament et du climat. CXXI.

Liberté, égalité des droits et des fortunes.

Gouvernement doux et républicain. CXXIII.

PROPORTION. La proportion entre les fautes et les peines est comme l'âme des États; gardée par les princes d'Europe, elle est sans cesse renversée, à leurs dépens, par les rois d'Orient. CIII.

PROPRETÉ. « La propreté, qui est l'image de la netteté de l'âme. » II.

PROPRIÉTÉ. L'incertitude de la propriété des terres ralentit « l'ardeur de les faire valoir. » XX.

PROSÉLYTISME. Transmis des Égyptiens aux Juifs, des Juifs aux mahométans et aux chrétiens; maladie épidémique; esprit de vertige; éclipse entière de la raison humaine. LXXXVI.

PROTESTANTISME. Avantage du protestantisme sur le catholicisme, suppression du célibat et des couvents. CXVIII.

PROTESTANTS. Ils multiplient nécessairement plus que les catholiques. De là accroissement de population, d'impôts, d'activité agricole, industrielle, de travail et de richesses. CXVIII.

PROVIDENCE. Ce qui est pour le riche sagesse de la providence est pour le pauvre aveugle fatalité du destin. XCVIII.

Les musulmans laissent tout faire à la providence. CXX.

L'homme ne trouble pas l'ordre de la providence lorsqu'il change les modifications de la matière. LXXVI.

PUISSANCE PATERNELLE. La plus sacrée de toutes les magistratures, fortement établie par le droit romain;

Montesquieu semble blâmer les Français de l'avoir restreinte. LXXIX.

PUISSANCE ROYALE, ses progrès en France. CXXXVI.

PURGATIFS. 1° Mélange de philosophie scolastique;

2° Extraits d'arrêts du Conseil et de Bulles et Constitutions de jésuites. CXLIII.

Q

Q. Quelques docteurs voulaient qu'on prononçât cette lettre comme un K. (Querelle de Ramus.) CX.

Quiétisme, sorte de mysticisme exalté.

Un quiétiste n'est autre chose qu'un homme fou, dévot et libertin. CXXXIV.

R

Rat. Pourquoi immonde ? XVIII.

Raymond Lulle a cherché vainement le secret de la transmutation des métaux. XLV.

Récompenses. A Rome, Athènes, Lacédémone, l'honneur payait seul les services les plus signalés. L'auteur d'une belle action y trouvait sa récompense. XC.

Régence, ses commencements. Désarroi où la mort de Louis XIV laisse la France. CXXXVIII.

Régent (le), son habileté. XCIII.

Il fait casser par le Parlement le testament de Louis XIV.

Il relègue le Parlement à Pontoise. CXL.

Régicide. En Orient, le régicide monte sur le trône sans opposition. Pourquoi ? CIV.

Reine. Exemple de tendresse conjugale donné par une reine de Suède. CXXXIX.

Religion. Distinction entre la foi et la vie laïque, fortement établie. X.

« Je ne leur parle pas (aux Mollaks) comme vrai croyant, mais comme homme, comme citoyen, comme père de famille. »

Chez les chrétiens elle est plus un sujet à disputes qu'un moyen de sanctification. LXXV.

La religion gagne les malades par ses promesses. LXXV.

Religions. « Les plus proches sont les plus grandes ennemies. » LX

Avantages de la multiplicité des religions dans un Etat ;

Les guerres de religion suscitées par l'esprit d'intolérance. LXXXVI.

Il n'y a pas de religion qui ne prescrive l'obéissance et la soumission. Ibid.

Leur grand nombre embarrasse ceux qui cherchent la vraie. XLVI.

Béatitudes qu'elles promettent aux élus. CXXVI.

Dieu condamne-t-il ceux qui ne pratiquent pas celles qu'ils ne peuvent connaître ? XXXV.

Religions (tolérées). Ceux qui vivent dans ces religions, plus utiles que ceux qui suivent la religion dominante. Eloignés des honneurs, ils n'en sont que plus portés à s'enrichir par le travail. LXXXVI.

Remèdes composés par un médecin rempli des mystères de la cabale. CXLIII.

Remèdes rares, tels que préface trop courte, mandement fait par un évêque, etc. Ibid.

Représailles. Leur office dans le droit public international. XCVI.

Représenter, c'est-à-dire « faire sentir à tous les instants la supériorité qu'on a. » LXXIV.

République. Conclusion de l'histoire des Troglodytes. XIV.

Semble être le sanctuaire de l'honneur, de la réputation et de la vertu. X.

La douceur du gouvernement républicain, la liberté, l'égalité, source d'opulence, fa-

vorisent la propagation de l'espèce. CXXIII.

RÉPUBLIQUE ROMAINE, son extension eût été un bonheur pour le monde, sans le pouvoir abusif des proconsuls et la différence que le droit de cité maintenait entre les vainqueurs et les vaincus. CXXXI.

RÉPUBLIQUES, contraires au génie oriental.

Leurs origines. Elles sont postérieures aux monarchies.

La Grèce, l'Asie-Mineure, Carthage, Rome.

Le Nord et l'Allemagne (on a pris pour des rois les chefs des armées). CXXXI.

RÉSURRECTION DE LA CHAIR. Croyance commune au christianisme et au mahométisme. XXXV.

REVENUS. A Paris, les revenus des citoyens « ne consistent qu'en esprit et en industrie; chacun a la sienne qu'il fait valoir de son mieux. » LVIII.

Revenus fonciers difficiles à percevoir.

Revenus mobiliers. Embarras d'un homme à qui son débiteur rend une somme prêtée. CXXXII.

RÉVOLUTION. En Orient « le moindre accident produit une grande révolution. » LXXXI.

RHÉDI. neveu d'Ibben, XXV, écrit de Venise à Usbek, XXXI. (Voir la table des *Lettres*.)

RICA, compagnon de voyage d'Usbek, son caractère enjoué, XXV. (Voir la table des *Lettres*.)

RICHESSE. Si la Providence n'avait accordé les richesses qu'aux gens de bien, on ne les aurait pas assez distinguées de la vertu. XCIX.

ROBE. Un des trois états qui se méprisent mutuellement. XLIV.

RODRIGUEZ (le P. Alphonse), jésuite espagnol, né à Valladolid, mort à Séville en 1616, auteur d'un *Traité de la perfection chrétienne*, traduit par Régnier des Marets. Ses œuvres sont rangées parmi les purgatifs. CXLIII.

ROIS. Les rois sont comme les dieux ; pendant qu'ils vivent, on doit les croire immortels. CVIII.

Les rois des tribus germaniques n'étaient que des chefs ou généraux à pouvoir limité par celui des seigneurs et l'égalité des dépouilles. CXXXI.

Rois déposés par les Vandales et les Goths. *Ibid.*

ROMAN. Le roman qui sert de canevas aux Lettres persanes est tout entier dans la jalousie d'Usbek absent et les désordres de son sérail. Si l'on y joint l'histoire d'Aphéridon et d'Astarté et celle d'Anaïs (LXVII, CXLI), il remplit environ soixante lettres, et un peu moins du tiers de l'ouvrage qu'il varie, et auquel il est souvent rattaché avec un art discret.

(Voir *Eunuques*, *Fatmé*, *Roxane*, *Zachi*, *Zélis*, *Zélide*, *Zéphis* et *Sérail*; *Usbek* et *Solim*, etc.).

ROMANCIERS. Espèces de poètes qui outrent le langage de l'esprit et du cœur. CXXXVII.

ROMANS. Leurs héros sont à côté de la nature; un seul détruit une armée.

Extravagance des romans orientaux. CXXXVII.

Romans, vomitif. CXLIII.

ROME. Combien déchue depuis les temps anciens. CXIII.

ROYAUTÉ. Progrès de la royauté française. CXXXVI.

ROXANE, femme préférée

d'Usbek, qui vante sa vertu. XX.

Son opiniâtreté à repousser les assiduités de son mari dans les premiers mois de son mariage. XXVI.

Sa feinte sagesse trompe les eunuques. CLI ;

Elle s'indigne des châtiments subis par les autres femmes du sérail. CLVI.

Surprise avec un jeune homme. CLIX.

S'empoisonne : sa lettre. CLXI.

Russe. Lettre d'une jeune mariée russe qui se plaint de n'être pas battue par son mari. LI.

Russie. Le czar, allié naturel de la Perse contre les Turcs.

Réformes de Pierre le Grand. LI.

Rustan, ami et correspondant d'Usbek. V.

(Voir la table des *Lettres*.)

S

Saint-Cyran (abbé de), ses lettres bonnes contre la gale, la gratelle, etc. CXLIII.

Samos. Roi de Samos sommé par un roi d'Egypte de renoncer à la cruauté et à la tyrannie. XCVI.

Sanchez. Son *de matrimonio*, fort tonique contre la chlorose. CXLIII.

Santon, saint musulman. XCIV.

Santons chrétiens (moines de la Thébaïde). *Ibid.*

Sardaigne, terre insalubre, destinée par les Romains aux criminels et aux Juifs. CXXII.

Sauromates, véritablement dans la servitude du sexe. XXXVIII.

Sauvages. Leur aversion pour le travail et l'agriculture. Leur vie précaire ; famine. Avortements. Isolement des tribus.

Dépopulation. CXXI.

Savants. Deux savants pleins de vanité. CXLIV.

Tribulations d'un savant, astronome, physicien et anatomiste. CXLV.

Jadis accusé de magie, le savant aujourd'hui l'est d'irréligion ou d'hérésie.

Dédain des savants pour ceux qui s'occupent d'une autre science que la leur. CXLV.

Scapulaire, morceau de drap attaché à deux rubans. XXIX.

Sciences. Mauvais usage des sciences. CVI.

Scolastique Allusion aux disputes et aux subtilités scolastiques. XXXVI.

Scot, subtil scolastique ; purgatif. CXLIII.

Secte. Une secte nouvelle introduite dans un Etat est le moyen le plus sûr pour corriger les abus de l'ancienne. LXXXVI.

Seigneur. Les grands seigneurs qui représentent.

Leur morgue. LXXIV.

L'abolition de l'esclavage par les rois abaissait les seigneurs. LXXV.

Un grand seigneur est un homme qui voit le roi, parle aux ministres, a des ancêtres, des dettes et des pensions. LXXXIX.

Sémiramis, reine et divinité des Babyloniens. XXXVIII.

Sénèque. Dans le malheur, un Européen n'a « d'autre ressource que la lecture d'un philosophe qu'on appelle Sénèque : mais les Asiatiques, plus sensés et meilleurs physiciens en cela, prennent des breuvages

capables de rendre l'homme gai, etc. » XXXIII.

Séparation. Une femme effrontée expose les outrages qu'elle a faits à son époux comme une raison d'en être séparée. LXXXVII.

Sérail. Gouverné par les eunuques noirs. II, VII, LXIV, IX.

Gardé par les eunuques blancs qui ne peuvent pénétrer dans l'appartement des femmes. XX, XXI.

Les hommes qui en approchent sont massacrés. LXVII, CLIX.

Condition et malheur des femmes qui y sont enfermées. VII, XX, XXI, XXVI, XXVII.

A quel age elles y entrent. LXII.

On leur fait croire que leur réclusion est une garantie de chasteté, de santé et de beauté. XX, XXXIV, XLVII, LXII, LXIII.

Plus il y a de femmes dans un sérail, moins elles y donnent d'embarras. XCVII.

Leurs dissensions, leurs réconciliations, leurs voyages ou promenades dans des boîtes. LXIV, III, XLVII.

Leurs privautés avec les filles esclaves, IV, CXLVII, qui ne se marient presque jamais sinon avec des eunuques, LXVII, CXV, LIII ; leur goût pour les eunuques blancs. XX.

Le sérail tue l'amour chez le mari sans supprimer la jalousie. VI.

Désordres dans le sérail d'Usbek. XX, LXIV, LXV, CXLVII-CLXI.

Châtiments terribles, le fouet, la torture. CLVI-CLVIII.

Servitude. La servitude est dans le tempérament asiatique. CXXXI.

Sibérie. Lieu d'exil pour les seigneurs russes disgraciés. LI.

Sicile. Contenait jadis de puissants royaumes. CXIII.

Sincérité. Celle d'Usbek lui a fait des ennemis à la cour de Perse. C'est la cause de son voyage. VIII.

Singe. Il y a encore des peuples chez lesquels un singe passablement instruit pourrait vivre avec honneur. CVII.

Smyrne. Seule ville « riche et puissante » de l'Asie turque : « Ce sont les Européens qui la rendent telle. » XX.

Sociabilité. L'homme, animal sociable ; un Français est donc l'homme par excellence. LXXXVIII.

Société. Elle est fondée sur un avantage mutuel. LXXVI.

Origine des sociétés : « un fils est né auprès de son père et il s'y tient : voilà la société et la cause de la société. » XCV.

Soleil. Les Espagnols disent « que le soleil se lève et se couche dans leur pays. » LXXVIII.

« Ouvrage et manifestation de la divinité, » dieu des Guèbres, longtemps « honoré » d'un « culte religieux mais inférieur... dans la ville sainte de Balk. » LXVII.

Solidarité. Sa nécessité sociale, prouvée dans l'épisode des Troglodytes, Lettres XI, XII, XIII.

Solim, eunuque, dénonce les désordres du sérail, CLI.

Est chargé des vengeances d'Usbek. CLIII, CLVI-CLX.

Soliman, affront qu'il reçoit. LXX.

Solliciteuses. Leur agitation perpétuelle ; elles ne reculent devant rien pour distribuer les places et les honneurs. CVIII.

SOMNIFÈRES. La *Cour sainte* du P. Caussin procure un doux sommeil à un malade affligé d'insomnie, et à toute sa famille. CXLIII.

SOMPTUAIRES (lois) finement raillées. CXXV.

SON. Combien de lieues il fait dans une heure. XCVIII.

SOTTISES. Dire théologiquement force sottises. CII.

SOUMISSION. Elle se mesure à la gratitude. CV.

SOUVERAINS. Doivent chercher des sujets et non des terres. CVII.

STATUES. Il y en a autant dans les jardins de Louis XIV que de citoyens dans une grande ville. XXXVII.

STATUTS de villes et de provinces. Presque toujours rédigés par écrit sous Louis XIV. CI.

STYLE FIGURÉ. L'auteur le condamne. XCVIII.

SUÈDE. Mort de Charles XII. CXXVIII.

Mention de deux reines de Suède. CXXXIX.

SUICIDE. Injustice des lois portées contre ceux qui se tuent eux-mêmes.

Le suicide ne trouble pas l'ordre de la nature.

Il n'est que l'usage d'un droit, la renonciation à un contrat devenu onéreux. LXXVI.

Faibles arguments en faveur de la loi religieuse et de la loi civile contre le suicide. LXXVII.

SUISSE. République. CXXIII. Elle est l'image de la liberté. CXXXVI.

SULTANS. Ils ont plus de femmes que certains princes italiens ou allemands n'ont de sujets. CIII.

SUPERFLUITÉS. Elles sont socialement aussi nécessaires que les nécessités de la vie. CVII.

SURETÉ. Précautions des princes orientaux pour mettre leur vie en sûreté. CIII.

SUPHIS. Jeune étourdi. Le traitement qu'il fait subir à sa jeune femme. LXX.

SYPHILIS, son introduction dans l'ancien monde; ses effets prodigieux; remède puissant qui lui est opposé. CXIV.

SYSTÈME (de Law). Allusion aux troubles qu'il apporte dans les fortunes. CXXXII.

Ses affirmations ne sont pas plus sûres que les présages de l'astrologie judiciaire. CXXXV.

Il pervertit la moralité publique. CXLVI.

SYSTÈME DU MONDE, expliqué par quelques lois générales découvertes par des philosophes qui n'ont point été ravis jusqu'au trône lumineux (comme saint Paul), etc. XCVIII.

T

TALENTS (petits), tels que: parler pour ne rien dire, écouter, sourire à propos, entendre finesse à tout, etc.

« Un homme de bon sens ne brille guère devant eux. » LXXXIII.

TALISMANS. Effet que peut produire l'arrangement de certaines lettres. CXLIII.

TARTARES. Leurs conquêtes et leur puissance. Il ne leur a manqué que des historiens. LXXXII.

Pourquoi leurs conquêtes seraient dévastatrices. CXXXI.

TARTARIE. « Quand le kan de Tartarie a dîné, un héraut crie que tous les princes de la terre peuvent aller dîner. » XLIV.

TAURIS. Lettres I, II, III.

Tavernier, célèbre voyageur en Perse. LXXII.

Tempéraments fixés par le climat, ils souffrent du changement brusque du pays d'origine. CXXII.

Tentations des santons de la Thébaïde. Elles nous suivent jusque dans la vie la plus austère. XCIV.

Terre. Soumise comme les autres planètes, aux lois du mouvement; elle souffre au dedans d'elle un combat perpétuel de ses principes. CXIV.

Elle se dépeuple et dans dix siècles ne sera plus qu'un désert. CXIII.

Testament. Le testament de Louis XIV cassé par le parlement. XCIII.

Théatre. Description de la salle et de la scène. XXVIII.

Thébaide. Saints ou santons chrétiens de la Thébaïde. Leur vie, leurs tentations.

Les chrétiens sensés regardent leur histoire comme une allégorie bien naturelle des passions qui nous suivent jusque dans le désert. XCIV.

Théologie. Les livres de théologie, doublement inintelligibles par la matière et la manière. CXXXIV.

Tisane purgative et autres, d'après la nouvelle pharmacie spirituelle. CXLIII.

Titres. La vente des titres d'honneur est une des principales ressources de Louis XIV. XXIV.

Tolérance. Elle commence à s'établir en France; mais non en Asie. LX. (Voir Intolérance.)

Traducteurs. Dialogue d'un traducteur d'Horace et d'un géomètre.

Services que rendent les traducteurs et danger de leur métier. CXXIX.

Traductions; rendent le corps, mais non la vie. *Ibid.*

Traitants. Chambre, qu'on appelle de justice, parce qu'elle va leur ravir tout leur bien. XCIX.

Traite autorisée par les rois chrétiens. LXXV.

Traités de paix, légitimes lorsque les conditions en sont telles que les deux peuples peuvent se conserver. XCVI.

Travail. Les Espagnols « invincibles ennemis du travail. » LXXVIII.

Le travail et l'industrie à Paris : sans eux, plus de revenus, plus de circulation des richesses. Chacun, retiré dans sa terre, ne travaillerait qu'à sa faim. Dépopulation. CVII.

Tribunal où l'on prend les voix à la majeure; on a reconnu qu'il vaudrait mieux les recueillir à la mineure. LXXXVII.

Troglodytes, perdus par l'égoïsme et l'anarchie, relevés par la solidarité des droits et des devoirs, par la pratique de la vertu et de la liberté civile. Vont de nouveau périr par la monarchie et l'égalité dans la servitude. XI-XIV.

Turcs. Sous le nom de Turcs, les Tartares ont fait des conquêtes immenses dans l'Europe, l'Asie et l'Afrique; et ils dominent sur trois parties de l'univers. LXXXII.

Les Turcs défaits par les Impériaux. CXXIV.

Caractère de leurs conquêtes. CXXXI.

Turquie. Faiblesse de l'empire des Osmanlis : « Ce corps malade ne se soutient pas par un régime doux et tempéré, mais par des remèdes violents qui l'épuisent et le minent sans cesse. »

Ni commerce, ni art, ni « expérience sur la mer, » villes

désertes, campagnes désolées ;
« Juste idée de cet empire qui, avant deux siècles, sera le théâtre des triomphes de quelque conquérant. » XX.

La Turquie est également dépeuplée en Europe et en Asie. CXIII.

Tyen. Ciel des chinois. Les âmes des ancêtres y sont anéanties, mais revivent sur terre dans les enfants. CXX.

U

Ubiquité. Question pour les philosophes, réalité pour les Français. LXXXVIII.

Ulrique-Eléonore, reine de Suède. Sa tendresse conjugale. CXXXIX.

Université (de Paris), fille très-aînée des rois de France. Elle rêve quelquefois. CX.

Usbek. (*Ouzbeyg*, nom d'une des principales tribus tartares ou turcomanes qui ont envahi l'Asie Mineure vers le temps des croisades.) Seigneur persan disgracié. VIII.

Vient en Europe se perfectionner dans les sciences, qu'il a toujours aimées.

Il passe par Com, Tauris, Erzeron, Tocat, Smyrne, Livourne et s'arrête à Paris « siége de l'empire d'Europe. »

C'est là qu'il étudie les mœurs des Français, qu'il ne cesse de sonder les matières religieuses, philosophiques, politiques, qu'il acquiert des notions de droit public et d'histoire générale, plus tard développées dans l'*Esprit des lois*.

Le regret de son sérail, la jalousie, troublent seules la sérénité de son esprit. Il renvoie à Ispahan les eunuques qu'il avait emmenés, ne cesse d'écrire à Zachi, Zélis, Zéphis, Fatmé, et surtout à Roxane, sa favorite, qui le trompe avec toutes les apparences de la vertu. Son désespoir, les ordres cruels qu'il donne contre les infidèles remplissent la fin des *Lettres persanes*.

Voir à la table les numéros des lettres nombreuses qu'il envoie et qu'il reçoit.

Usurpateur. Un usurpateur déclare rebelles tous ceux qui n'ont point opprimé la patrie comme lui. CV.

V

Vanité de deux savants qui veulent être admirés à force de déplaire. CXLIV.

Portrait du vaniteux. L.

Vandales, déposaient volontiers leurs rois. CXXXI.

Venise. Epargnée par les mahométans parce que l'eau y manque pour les purifications. XXXI.

République qui n'a de ressources qu'en son économie. CXXXVI.

Vérité. « Vérité dans un temps, erreur dans un autre. » LXXV.

Vérités. La connaissance de cinq ou six vérités a rendu la philosophie pleine de miracles. XCVIII.

Vertu. C'est la pratique de la justice, de la réciprocité sociale. XII, XIII, *passim*.

Quand elle est naturelle, la vertu est modeste et ne se fait pas sentir. L.

Veuve indienne. Pourquoi elle veut se brûler et pourquoi elle y renonce. CXXVI.

Viandes. Le Turc ne veut

point qu'elles soient étouffées. XLVI.

Vieillesse. Elle juge tout d'après le souvenir et le regret de la jeunesse perdue. LIX.

Vierge qui a mis au monde douze prophètes. Son tombeau est à Com. I.

Villes d'Italie, désertes et dépeuplées. CXIII.

Les voyageurs recherchent les grandes villes, espèce de patrie commune à tous les étrangers. XXIII.

Depuis quand les bourgeois ont perdu la garde de leurs villes. CVI.

Vin, causes de sa cherté à Paris. Ses funestes effets chez les musulmans, malgré les prohibitions du Coran. XXIII, LVI.

Virginité. Des femmes adroites font de la virginité une fleur qui périt et renaît tous les jours, « et se cueille la centième fois plus douloureusement que la première. » LVIII.

Incertitude des preuves de la virginité. LXXI.

Visapour. Les femmes jaunes de ce pays peuplent les sérails de Perse. XCVII.

Visites. Pour nombre de Français, il est de la bienséance de visiter chaque jour le public en gros et en détail. LXXXVIII.

Vizir. Le grand vizir d'Allemagne est le fléau de Dieu, envoyé pour châtier les sectateurs d'Omar. CXXIV.

Vœux. « Les dervis font trois vœux, d'obéissance, de pauvreté et de chasteté. On dit que le premier est le mieux observé de tous ; quant au second, je te réponds qu'il ne l'est point : je te laisse à juger du troisième. » LVII.

Volonté. « Dieu ne peut lire dans une volonté qui n'est point encore. » LXIX.

Vomitifs. 1º Harangues, oraisons funèbres, opéras nouveaux, romans, mémoires, le tout distillé ;

2º Infusion de papier ayant couvert un recueil des pièces des Jésuites français » (J. F.); ou mieux, selon Barbier, des jeux floraux. CXLIII.

Voyages. Combien plus embarrassants pour les femmes que pour les hommes. XLIII.

Z

Zachi rappelle à Usbek qu'il l'a préférée à ses autres femmes. III.

Trouvée seule avec Nadir, eunuque blanc. XX.

Ses privautés avec la jeune Zélide. Ibid.

Sa réconciliation avec Zéphis. XLVII.

Couchée avec une de ses esclaves. CXLVII.

Elle reçoit le fouet et se plaint passionnément à Usbek. CLVII.

Zélide, esclave de Zéphis, de Zachi et de Zélis, soupçonnée de certaines complaisances intimes pour ses maîtresses. IV, XX, CXLVII.

Elle consent à épouser Cosrou, eunuque blanc. (V. ce mot.) XLVII.

Zélis marie son esclave Zélide à Cosrou, eunuque blanc. Ses idées sur les plaisirs conjugaux des hommes de cette espèce. LIII.

Confie sa fille, âgée de sept ans, aux soins des eunuques noirs. LXII.

A laissé tomber son voile en allant à la mosquée. CXLVII.

Soupçonnée d'avoir reçu une lettre. CXLVIII.

Reçoit le fouet et se plaint vertement au « tyran » Usbek. CLVIII.

Zéphis. Accusée de certaines relations illicites avec son esclave Zélide, IV, se plaint du grand eunuque noir.

Sa réconciliation avec Zachi. XLVII.

Zend, ancien bactrien, langue sacrée des Guèbres. LXVII.

Zeuxis assemble les plus beaux modèles pour figurer la déesse de la beauté.

Ainsi les métaphysiciens construisent l'idée de Dieu avec les perfections imaginées par les hommes. LXIX.

Zoroastre. Législateur des Guèbres et auteur de leurs livres sacrés. LXVII.

Zufagar, nom de l'épée d'Ali, « qui avoit deux pointes. » XVI.

(*Zoulfékar*, sabre à deux lames donné par Mahomet, conservé dans la maison des Kalifes, brisé à la chasse par un descendant d'Abdoullah IV, il figure sur les pavillons ottomans.)

Zuléma raconte à ses compagnes du sérail l'histoire du farouche Ibrahim et de l'immortelle Anaïs. CXLI.

BIBLIOGRAPHIE.

I. — ÉDITIONS PUBLIÉES DU VIVANT DE L'AUTEUR.

1721. LETTRES PERSANES, à Amsterdam, chez Pierre Brunel, sur le Dam. 2 vol. grand in-12 (150 lettres).

— LETTRES PERSANES, Cologne, Pierre Marteau. 2 vol. in-12. (Édition semblable à la précédente.)

— LETTRES PERSANES. SECONDE ÉDITION, *revuë, corrigée, diminuée et augmentée par l'auteur.* 2 vol. pet. in-12, (140 lettres). Bibliothèque de l'Arsenal, 19030 B.
Manquent les lettres I, V, XV (XVI de notre édition), XXIII (XXV), XXX (XXXII), XXXIX (XLI), XL (XLII), XLI (XLIII), XLV (XLVII), LXIII (LXV), LXVIII (LXX), LXIX (LXXI); les lettres X et XI sont fondues en une seule.
Sont ajoutées : CXI, CXXIV, CXLV, qui portent dans cette 2ᵉ *Marteau* les nᵒˢ LVIII, LIX, LX. Reproduites avec quelques variantes dans le *Supplément* de 1754.
Sont modifiées : VII, IX, X et XI, XVIII, XXIV, XXXIX.
La lettre LXXIII (sur l'Académie française); qui figure en tête du tome second de la première édition, termine le tome premier de la seconde, avec le nᵒ LXI.
Les suppressions et changements ne portent que sur le tome 1ᵉʳ.
(Pour la nature des suppressions, voir la *préface* de notre édition. Pour les variantes et la collation des nᵒˢ, voir nos *notes et variantes*, tomes I et II.)

N. B. Quérard compte quatre éditions de 1721; et il semble bien qu'il en ait paru deux *à Amsterdam, chez Pierre Brunet, sur le Dam.* L'une porte sous le titre une

sphère armillaire, l'autre un polygone régulier à neuf pans, dans lequel sont inscrits trois triangles équilatéraux.

Les deux tomes (1721 Brunel) de la Bibliothèque nationale appartiennent à deux éditions différentes : le tome I a la sphère, le tome II a le polygone ; or nous avons sous les yeux :

Un tome II (1721 Brunel) avec la sphère en vignette. Sur le tome I de la Bibliothèque nationale, en regard du feuillet de garde, se trouve la note manuscrite suivante : *édition différente*. Au reste, les deux éditions Brunel et l'une des éditions Marteau sont des réimpressions d'un même texte.

1730. LETTRES PERSANES, TROISIÈME ÉDITION à Amsterdam, chez Jacques Desbordes. 2 vol. in-18 (140 lettres) Arsenal, 19030 bis B.

Cette édition, que nous n'avions pas eu occasion de compulser au moment où fut rédigée notre préface, est une *réimpression* de la 2e Marteau. Elle commence également par la lettre d'*Usbek à son ami Nessir*, la Ve du texte complet. Le premier tome finit par la lettre sur l'Académie.

— Autre édition, mais conforme à la 1re : à Cologne, chez Pierre Marteau. 2 vol. in-12.

1731. LETTRES PERSANES : à Amsterdam, chez P. Mortier, 2 vol in-12 (150 lettres). Quérard dit : Amsterdam (Paris).

1737, 1739. Deux éditions, in-18 et in-12, 2 tomes. Cologne, Pierre Marteau.

1740 Amsterdam, Jacques Desbordes. 2 vol. in-18.

1744. A Cologne, chez Pierre Marteau, imprimeur-libraire, près le collége des Jésuites. In-8º, 2 tomes en un volume, 150 lettres. (Arsenal, 19031 B.)

— La même édition, augmentée des *Lettres turques* (par Saint-Foix), 2 tomes en un volume.

Réimpression de la 1re 1721, avec quelques variantes insignifiantes.

1751. Ici se place la curieuse brochure de l'abbé Gauthier (voir la préface) *les Lettres persannes convaincues d'impiété*, qui vise la 1re Marteau 1721, et la 2e Desbordes 1730.

1753. Réimpression du texte primitif. Cologne, Pierre Marteau.

1754. Dernière édition publiée du vivant et sous les yeux de Montesquieu. C'est celle dont nous reproduisons le texte.

> LETTRES PERSANES, à Cologne, chez Pierre Marteau (2 tomes in-12, 150 lettres, avec un *Supplément*).
> Bibliothèque de l'Arsenal 19031 bis B. A la fin du premier volume sont intercalées les *Lettres turques*.
> Le *Supplément*, à la fin du second volume, contient *quelques réflexions sur les Lettres persanes*, onze lettres, dont trois empruntées, avec variantes, à la 2e Marteau, 3e Desbordes, et un certain nombre de passages nouveaux à ajouter ou à substituer dans le texte. La plupart des éditions postérieures ont scrupuleusement observé les indications du *Supplément* pour le placement des lettres et passages nouveaux.
> Nous avons sous les yeux un exemplaire de cette édition reliée en un volume; les *Lettres turques* y sont insérées après le Supplément.

II. — ÉDITIONS PUBLIÉES APRÈS LA MORT DE L'AUTEUR.

> (Nous ne voulions indiquer ici que les éditions séparées des *Lettres persanes*: mais diverses considérations nous ont amené à signaler plusieurs éditions des Œuvres complètes, en n'y tenant compte que de ce qui concerne les *Lettres*.)

1755. Réimpression pure et simple, sans *Supplément*, du texte de 1721. A Cologne, chez Pierre Marteau (2 vol. grand in-12). L'exemplaire de la bibliothèque nationale est relié en un volume.

1757. ŒUVRES DE M. DE MONTESQUIEU, Londres (4 vol. in-12). La première édition des œuvres complètes, publiée par Richer sous les yeux de M. de Secondat, fils de Montesquieu, avec le concours de Moreau, ancien secrétaire de l'auteur, et imprimeur célèbre qui, suivant Quérard et Brunet, la rendit le modèle des éditions suivantes.

1758. ŒUVRES COMPLÈTES DE M. DE MONTESQUIEU, nouvelle

édition, revue, corrigée et considérablement augmentée *par l'auteur*, Amsterdam et Leipsick, Arkstée et Merkus (3 vol. in-4º). Toutes les additions du *Supplément* sont intercalées à leur place.

Au verso du feuillet de garde (exemplaire de l'Arsenal), note manuscrite indiquant deux collaborateurs pour les *Lettres*. Les *Lettres* sont au tome III. Dans l'avertissement, Richer réfute les remarques d'un anonyme (Élias Luzac). Selon Brunet, cette édition, très-belle en effet, est plus correcte et moins chère que la précédente. Toutes deux sont d'ailleurs l'œuvre de Richer et de Moreau. Elles renferment un assez grand nombre de *corrections* d'après les changements trouvés dans les papiers de l'auteur, et que beaucoup d'éditions subséquentes ont admises. Nous les signalons dans nos *Notes*, sans les accepter ; M. de Secondat a seul été à même de les voir et de les certifier, et nous nous défions fort de cette manie d'arrangement et d'atténuations, à laquelle se laissaient aller volontiers les éditeurs des derniers siècles. Au reste, ces variantes sont véritablement insignifiantes.

Réimprimée plusieurs fois à Londres (Paris) et Amsterdam.

1759, 1762. ŒUVRES. Nouvelle édition, très-augmentée, avec des *remarques philosophiques et politiques d'un anonyme* (Élias Luzac), Amsterdam et Lausanne, Grasset. (Réimprimées en 1761, 62, 64, 73.) 6 volumes in-12.

Elle était sans doute commencée antérieurement, puisque Richer réfute en 1758 les *Remarques* d'Élias Luzac.

1760. Traduction anglaise de la précédente, signalée dans la note manuscrite mentionnée à l'article 1758.

1761. LETTRES PERSANES, Amsterdam et Paris, Belin. Nouvelle édition, augmentée de douze lettres qui ne se trouvent pas dans les précédentes, et d'une table analytique des sujets traités ; un vol. in-8º de 527 pages. Réimprimée en 1786.

Le chiffre de *douze lettres* contient sans doute *Quelques Réflexions sur les Lettres persanes*. En fait, le *Supplément* de 1754 n'ajoute que *onze* lettres.

Cette édition est la première complète des *Lettres persanes*.

1767. Lettres persanes, Cologne, Marteau. 2 vol. in-12.

1772. Œuvres. Londres, Nourse, 3 vol. in-8º, l'une des plus mauvaises.

1776. Lettres persanes, Amsterdam, Arkstée et Merkus, 1 vol. in-12, 161 lettres, table de 30 pages. (Bibl. de Provins.)

1784. Autre (Bibliothèque nationale). 2 vol. in-18.

1786. Autre, Amsterdam, 2 tomes en 1 volume, in-12.

1788. Œuvres. Paris, Bastien, 5 vol in-8º D'après Quérard, médiocre et chère.

Œuvres, édition revue, corrigée et augmentée de plusieurs pièces qui n'avaient pas paru jusque-là, Amsterdam (sans nom d'éditeur ni d'imprimeur). Généralement conforme à l'in-4º de 1758. 6 vol. in-8º.

1790. Œuvres, Bâle 8 vol. in-8º (réimprimées en 1799), avec des notes d'Helvétius, longtemps la plus complète, mais entièrement effacée par celle d'Auger 1816.

1795. Les mêmes, Paris, Didot l'aîné, 12 vol. in-8º; avec notes d'Helvétius, etc. Jolie édition stéréotype, mais texte médiocre. (Publiée par de Laroche.)

1796. Les mêmes, Paris, Langlois, an IV.

Les mêmes, avec des pièces inédites publiées d'après les manuscrits (?), par Bernard, libraire à Paris. Imprimerie Plassan. 5 vol. grand in-4º.

Cette édition, qui s'écarte quelquefois du texte de 1758, laisse à désirer comme livre de luxe.

1803. Lettres. Stéréotypie Didot. Paris, Didot aîné, 2 vol. in-18. Avec les clichés de cette édition peu correcte a été faite celle de Leçointe, Paris, 1809 (Nouvelle Collection des classiques français). Autre tirage, 1811.

1814 et 1820. Œuvres, Paris, Didot aîné, 8 vol. in-8º.

1815. Lettres, Avignon, Joly, 2 vol. in-24 (seule de ce format).

1816, 1818, 1820. Œuvres, précédées de la vie de l'auteur par Auger, Paris, Lefèvre, 6 volumes in-8º, imprimerie Crapelet. (Table analytique bien faite.)

La seconde est plus complète.

Toutes deux sont fort estimées. Nous avons noté dans le texte des lettres, des variantes de 1758, qui sont contestables.

1817. ŒUVRES, Paris, Belin, avec notice par Depping, 2 volumes in-8°.

1818. LETTRES, Nîmes, in-8° (id. 1820), traduction espagnole de Marchena.

1819. ŒUVRES. Nouvelle édition contenant les *Éloges de Montesquieu* par d'Alembert et par M. Villemain (très-remarquable), les notes d'Helvétius, de Condorcet, et le commentaire de Voltaire sur l'*Esprit des lois*. Paris, de l'imprimerie de Pierre Didot aîné. Lequien 1819. Portrait. (Bonne réimpression d'une édition de 1798.) En tête du premier volume, 15 éditions sont passées en revue. Estimée.

1820. LETTRES, suivies des œuvres diverses, Paris, Didot aîné, 3 vol. in-8°, formant les volumes 52-54 de la *Collection des meilleurs ouvrages français*.

1820. LETTRES, Paris, Ménard et Desenne, 2 vol. in-18, faisant partie de la *Bibliothèque française*.

1821. LETTRES. Paris, L. Debure, 2 vol. in-32, portrait. (Collection des *Classiques français*.)
LETTRES (traduction espagnole), Toulouse, Bellegarrigue, in-12.
LETTRES, Paris, Touquet, in-12.

1822. ŒUVRES, Paris, Dalibon, imprimerie Collot. 8 vol. in-8°. Portrait. Avec les *Éloges* par d'Alembert et Villemain, suivie du *Commentaire sur l'Esprit des lois* par Destutt de Tracy. Édition faite sur 1819-Lequien. Estimée.

1823. LETTRES. Nouvelle édition accompagnée de notes et d'une table alphabétique. Paris, Dondey-Dupré, in-18. Remarques historiques de Collin de Plancy. Notes sur les noms orientaux par Isidore Gautier. Réimprimée par les frères Garnier.
LETTRES, Dauthereau, imprimerie de Firmin Didot, 3 vol. in-32.

Il y a peu à dire sur les éditions, tant des ŒUVRES que des LETTRES, parues en 1825, 26, 27, 28, 29, 1830, 31, 32, 34, et de nos jours. Ce sont des réimpressions tantôt de 1754, tantôt de 1758.

TABLE DES MATIÈRES

DU TOME SECOND.

Lettre LXXXIX. Usbek à Rhédi.
 Notes sur Paris où règnent *la liberté et l'égalité* ; portrait du grand seigneur en France ; la faveur, grande divinité des Français 1

— XC. Usbek à Ibben.
 Le désir de la gloire assimilé à l'instinct de la conservation. Amour des Français pour la gloire. Éloge du régime républicain. 2

— XCI. Usbek au même.
 Tyrannie du point d'honneur ; manie illusoire du duel, plus forte que la raison et que la loi. . . . 4

— XCII. Usbek à Rustan.
 Équipée d'un faux ambassadeur de Perse. 6

— XCIII. Usbek à Rhédi.
 Mort de Louis XIV. Son testament cassé par le parlement. Rôle des parlements. Habileté du régent. . 7

— XCIV. Usbek à son frère santon au monastère de Casbin.
 A l'adresse des santons, dervis, moines et solitaires. Tentations des ascètes de la Thébaïde. 8

— XCV. Usbek à Rhédi.
 Le droit public altéré par les princes et les puissants. Le droit public ramené aux principes de justice qui régissent le droit privé. 10

— XCVI. Usbek au même.
 Développements à l'appui de la thèse ci-dessus. Sanctions du droit public. De la guerre et du prétendu droit de conquête qui « n'est pas un droit. » (Voir les *Notes et variantes*.). 11

— XCVII. Le premier eunuque à Usbek. *(Roman.)*
 Achat d'une femme jaune de Visapour. Agréments de

> la polygamie. Nécessité de la présence du maitre
> dans le sérail. 14

Lettre XCVIII. Usbek à Hassein, dervis de la montagne
de Jaron.
> Supériorité des lois physiques découvertes par les
> philosophes sur les élucubrations mystiques des
> livres saints et des prophéties. 16

— XCIX. Usbek à Ibben.
> Inconstance des fortunes et désordre des finances en
> France. Chambre ardente contre les traitants.
> Étrange distribution des richesses. Éloge des la-
> quais. 19

— C. Rica à Rhédi.
> Les caprices et l'empire de la mode en France. . . 21

— CI. Rica au même.
> Frivolité du caractère français. Incohérence de leur
> législation empruntée au droit romain et aux cons-
> titutions des Papes. 23

— CII. Usbek à ***.
> Sur un évêque qui vantait son mandement. 25

— CIII. Usbek à Ibben.
> Considérations sur le gouvernement monarchique en
> Europe et sur le despotisme oriental. 26

— CIV. Usbek au même.
> Pourquoi les princes d'Orient ont si souvent leurs
> assassins pour successeurs 29

— CV. Usbek au même.
> Limitation de l'autorité royale par les Anglais. . . 31

— CVI. Rhédi à Usbek.
> Paradoxe contre les progrès de l'industrie et des arts,
> incompatibles avec la solidité des monarchies . . 33

— CVII. Usbek à Rhédi.
> Réfutation aisée de la thèse précédente. Tableau de
> l'activité et de l'industrie parisiennes. Éloge du
> luxe. 35

— CVIII. Rica à Ibben.
> Influence de la maîtresse et du confesseur sur le ca-
> ractère des rois. Louis XIV entièrement gouverné
> par les femmes. 39

— CIX. Usbek à ***.
> Les journaux et la critique au commencement du
> XVIIIe siècle. 41

— CX. Rica à ***.
> Querelles scolastiques sur la lettre Q. 43

Lettre CXI. Rica à ***.
 Rôle et occupation d'une jolie femme. 44
— CXII. Usbek à ***.
 Discours d'un général de la Fronde 45
— CXIII. Rhédi à Usbek.
 Dépopulation croissante de la terre. 47
— CXIV. Usbek à Rhédi.
 Causes de dépopulation. Fréquence des catastrophes générales. Le monde terrestre a bien plus de six mille ans. 50
— CXV. Usbek au même.
 Causes de dépopulation : la polygamie, la castration. 53
— CXVI. Usbek au même.
 Rôle des esclaves et des affranchis dans le monde romain. 56
— CXVII. Usbek au même.
 Causes de la dépopulation : l'interdiction du divorce. (Vues incohérentes de l'Église sur le mariage.). . 58
— CXVIII. Usbek au même.
 Causes de la dépopulation : le célibat des prêtres et le monachisme. Supériorité des pays protestants sur les pays catholiques. 60
— CXIX. Usbek au même.
 Causes de la dépopulation en Afrique, en Amérique : la traite et le travail esclave. 64
— CXX. Usbek au même.
 Causes de la dépopulation : le mépris de la terre et de la vie, prêché par le christianisme et le mahométisme, « l'injuste droit d'aînesse ». Causes de la fécondité de la Perse ancienne et des races juive et chinoise. 65
— CXXI. Usbek au même.
 Causes de la dépopulation chez les sauvages : leur ignorance de l'agriculture ; la pratique de l'avortement. 67
— CXXII. Usbek au même.
 Causes de la dépopulation des colonies : les influences climatériques, les cruautés des conquérants. . 68
— CXXIII. Usbek au même.
 Causes de dépopulation : le despotisme et le pouvoir arbitraire, l'inégalité des citoyens, les mariages précoces. 72
— CXXIV. Usbek au mollak Méhémet Ali, gardien des trois tombeaux.
 En dépit des jeûnes et des cilices des mollaks, la

.victoire abandonne les Osmanlis 74
Lettre CXXV. Usbek à Rhédi.
 Qui paye les libéralités des princes envers leurs courtisans? . 75
— CXXVI. Rica à ***.
 Difficulté de concevoir des récompenses éternelles. Les paradis sont rendus inhabitables par leurs inventeurs. Plaisante histoire d'une veuve indienne . 78
— CXXVII. Rica à Usbek.
 Allusion à la conspiration de Cellamare 80
— CXXVIII. Rica à Ibben.
 A propos de la mort de Charles XII. Grave responsabilité des ministres 81
— CXXIX. Rica à Usbek.
 Entretien d'un géomètre et d'un traducteur d'Horace. 83
— CXXX. Rica à ***.
 Bavardage et suffisance des nouvellistes. Trois lettres d'un nouvelliste 86
— CXXXI. Rhédi à Rica.
 Origines des républiques. Éloge du gouvernement républicain. La liberté faite pour le génie des peuples de l'Europe; la servitude pour celui des orientaux . 90
— CXXXII. Rica à ***.
 Un café à la mode à l'époque de Law 94
— CXXXIII. Rica à ***.
 Visite à une grande bibliothèque dans un couvent de dervis . 96
— CXXXIV. Rica au même.
 Seconde visite à la bibliothèque. Appréciation satirique de divers genres littéraires. La théologie, l'ascétisme, la casuistique 97
— CXXXV. Rica au même.
 Troisième visite : les grammairiens, glossateurs et commentateurs; les orateurs; les métaphysiciens, les médecins, anatomistes, chimistes, adeptes des sciences occultes 99
— CXXXVI. Rica au même.
 Vues historiques sur l'église, la décadence romaine, les barbares, l'Allemagne, la France, l'Espagne, l'Angleterre, la Hollande, l'Italie, la Pologne, et les républiques de Suisse, de Venise et de Gênes. 101
— CXXXVII. Rica au même.
 Les poëtes épiques, dramatiques, lyriques, bucoli-

ques, épigrammatiques; les romanciers. 104
Lettre CXXXVIII. Rica à Ibben.
 Désastreuses conséquences du système de Law . . 106
— CXXXIX. Rica au même.
 Abdication de deux reines de Suède, Ulrique-Éléonore et Christine. 108
— CXL. Rica à Usbek.
 Le Parlement de Paris relégué à Pontoise. Graves et difficiles attributions politiques des parlements. 109
— CXLI. Rica au même.
 Traduction supposée d'un conte persan. Aventures de l'immortelle Anaïs dans le paradis des femmes. Vengeance qu'elle tire de son mari. 110
— CXLII. Rica à Usbek.
 « Lettre d'un archéologue » et « Fragment d'un ancien mythologiste. » (Portrait allégorique de Law, fils d'Éole). 120
— CXLIII. Rica à Nathanaël Lévi, médecin juif.
 Sur les amulettes, talismans et prestiges. 126
 Lettre d'un médecin de province à un médecin de Paris.
 Vertu dormitive de la *Cour sainte* du père Caussin. Pharmacie nouvelle extraite des œuvres des philosophes et des théologiens. 129
— CXLIV. Usbek à Rica.
 Le savant opiniâtre et le savant outrecuidant. Éloge de la modestie. 134
— CXLV. Usbek à ***.
 Tribulations des gens d'esprit et des savants. Lettre d'un anatomiste 135
— CXLVI. Usbek à Rhédi.
 Perversion des mœurs publiques sous l'influence de Law. Odieux résultats de l'agiotage érigé en institution publique. 140
— CXLVII. Le grand eunuque à Usbek. *(Roman.)*
 Désordres dans le sérail d'Usbek. 143
— CXLVIII. Usbek au grand eunuque. *(Roman.)*
 Ordres de répression. 144
— CXLIX. Narsit à Usbek. *(Roman.)*
 Mort du grand eunuque 144
— CL. Usbek à Narsit. *(Roman.)*
 Ordres réitérés de répression. 145
— CLI. Solim à Usbek. *(Roman.)*
 Dénonciations contre les femmes d'Usbek 146
— CLII. Narsit à Usbek. *(Roman.)*

Inexécution des ordres d'Usbek, dont la lettre s'est égarée. 148

Lettre CLIII. Usbek à Solim. *(Roman.)*
Fureurs de l'époux outragé. 149

— CLIV. Usbek à ses femmes. *(Roman.)*
Reproches et menaces 149

— CLV. Usbek à Nessir. *(Roman.)*
Douloureuses confidences. 150

— CLVI. Roxane à Usbek. *(Roman.)*
Protestation contre les violences de Solim. 152

— CLVII. Zachi à Usbek. *(Roman.)*
Zachi s'indigne d'avoir été fouettée. 153

— CLVIII. Zélis à Usbek. *(Roman.)*
Même châtiment, même colère. 154

— CLIX. Solim à Usbek. *(Roman.)*
Trahison imprévue de Roxane, meurtre de son amant. 155

— CLX. Solim à Usbek. *(Roman.)*
Solim va punir. 156

— CLXI. Roxane à Usbek. *(Roman.)*
Roxane s'empoisonne et brave en mourant l'homme qui l'a épousée malgré elle. 157

Notes et variantes. 159

Index philosophique, historique et littéraire. 169

Bibliographie . 211

FIN DE LA TABLE DU TOME SECOND ET DERNIER.

OUVRAGES DE M. ANDRÉ LEFÈVRE.

Les Finances de Champagne aux XIII^e et XIV^e siècles.
La Flute de Pan, 2^e édition. Hetzel.
La Lyre intime. *Ibid.*
Virgile et Kalidasa. *Ibid.*
L'Épopée terrestre. Marpon.
La Vallée du Nil (avec M. H. Cammas). Hachette.
Les Merveilles de l'Architecture, 3^e édit. *Ibid.*
Les Parcs et les Jardins, 2^e édition. *Ibid.*
La Pensée nouvelle, en collaboration avec MM. Louis Asseline, A Coudereau, Ch. Letourneau, P. Lacombe, etc. 2 vol. gr. in-8°.
Napoléon I^{er} (in-32). Bureaux de l'*Éclipse*.
Les Finances particulières de Napoléon III. J. Rouquette.

Imprimerie Eugène Heutte et C^e, à Saint-Germain.

www.ingramcontent.com/pod-product-compliance
Lightning Source LLC
Chambersburg PA
CBHW051914160426
43198CB00012B/1889